아이와 함께 자라는 부모

소아정신과 의사 서천석의
아이와 함께 자라는 부모

초판 1쇄 발행 • 2013년 5월 10일
초판 28쇄 발행 • 2024년 5월 16일

지은이 • 서천석
그린이 • 박보미

펴낸이 • 염종선
책임편집 • 이하림
본문 디자인 • 나림
펴낸곳 • (주)창비
등록 • 1986년 8월 5일 제85호
주소 • 10881 경기도 파주시 회동길 184
전화 • 031-955-3333
팩시밀리 • 영업 031-955-3399 편집 031-955-3400
홈페이지 • www.changbi.com
전자우편 • enfant@changbi.com

ⓒ 서천석 2013
ISBN 978-89-364-7226-9 13590

* 이 책 내용의 전부 또는 일부를 재사용하려면 반드시 저작권자와 창비 양측의 동의를 받아야 합니다.
* 책값은 뒤표지에 표시되어 있습니다.

소아정신과 의사 서천석의

아이와 함께 자라는 부모

서천석 지음

창비

작가의 말

지금도 십여 년 전의 그 순간이 또렷하게 떠오릅니다. 밤이면 몇 번씩 깨서 울던 아이. 그 아이를 안고 거실을 서성이며 재우던 순간이 생각납니다. 이렇게 잠을 못 자서야 과연 낮에 일을 제대로 할 수 있을까 걱정이 들고, 언제까지 아이를 안고 한밤중에 거실을 돌아야 하나 앞이 캄캄했죠. 설핏 잠든 아가의 얼굴은 한없이 사랑스러웠지만 잠을 제대로 못 잔 저는 작은 자극에도 쉽게 짜증이 나곤 했습니다. 그때 저는 느끼지 않을 수 없었습니다. '내가 참 부족하구나.' 아이에게 부모의 표정이나 태도가 얼마나 중요한지 머리로는 잘 이해하고 있었지만, 실천하는 것은 또 다른 차원이었습니다. 처음에는 스스로를 탓하고 죄책감도 가졌습니다. 하지만 그것도 잠시일 뿐 짜증은 더 커졌습니다. 죄책감은 오히려 아이를 미워하게 만들었습니다. 아

아이를 키우느라 내 바닥을 본다고 생각하니 어린 시절 내 약점을 공격하던 친구에게 그랬듯 화가 나더군요.

시도 때도 없이 우는 아이를 노려보고 있다 보니 갑자기 '이 녀석은 아무것도 모르겠구나.' 싶었습니다. 자기도 답답한데 방법은 없고, 그냥 우는 것 말고는 이 조그만 생명체가 할 수 있는 일이 뭐가 있겠습니까? 그렇게 약한 존재가 아이입니다.

저 역시 마찬가지입니다. 부모라는 이름표를 달고 있고, 사회에서는 소아정신과 의사라고 불러 주지만 자기 감정도 제대로 추스르지 못하는 약한 존재가 바로 '나'였습니다. 나도 아이도 그처럼 약한 존재, 부족한 존재였습니다.

눈물이 조금 났습니다. 하지만 마음은 조금 편해졌습니다. 있는 그대로 아이의 수준을 인정하자, 또 내 수준도 인정하자고 마음을 먹었습니다.

'조금 부족해도 괜찮다. 못난 부분이 있어도 괜찮다. 부족한 것을 인정하자. 그렇지만 더 잘해 보려는 마음을 가질 수만 있다면 그것으로 충분하다. 잘해 보려는 마음을 갖는 것도 버겁다면 조금 뒤로 미뤄도 괜찮다. 우선 나를 지켜야 더 오래 나와 아이를 사랑할 수 있다.'

많은 부모들이 자신의 부족함을 원망합니다. 그런데 가만 보면 자신의 부족함을 채우려고 노력하기보다 부족한 자신을 원망하느라 시간을 다 보냅니다. 자신을 위해서 시간을 쓰지 않고 자신을 탓하느라 시간을 다 쓰고 있습니다. 그럴 필요 없습니다. 부족한 것이 바로 '나'인데 원망해 봐야 무엇하겠습니까? 그런 나를 인정하고, 하나라도 더 내게 채워 주려 하면 됩니다. 그런 부모의 모습이 부모가 아이에게 주는 가장 큰 가르침입니다. 부모가 자신을 인정하고 존중하며 스스로에게 잘하려고 할 때, 아이도 자기를 사랑하고 더 발전하고 싶어 합니다.

첫 책이 나오고 많은 사랑을 받았습니다. 그 이후에도 부모들에게 늘 해 오듯 꾸준히 이야기를 건넸습니다. 이제 그 이야기들이 또 한 권의 책으로 묶였군요. 첫 책이 아이를 대하는 부모의 태도와 철학에 집중했다면 이번에는 좀 더 구체적인 방법을 이야기하고 싶었습니다. 공부, 사춘기 등 더 큰 아이를 키울 때의 고민도 함께 나누고 싶었습니다.

다시 책을 내기로 하면서 가장 많이 고민한 것은 책의 형식이었습니다. '좀 더 호흡이 긴 글을 묶어서 낼까? 아니면 부모들이 쉽게 읽고, 한 번쯤 생각하도록 만들 수 있는 책을 낼까?' 비슷한 형식으로 책을 낸다는 것이 부담스러웠지만 이번에도 제 선택은 같았습니다. 언제든 부담 없이 펴서 몇 장을 읽을 수 있는 책, 그러면서 아이와 자신의 관계에 대해 생각해 볼 수 있는 책이 제가 바라는 책입니다. 그렇잖아도 버거운 육아에 책 읽는 부담까지 얹어 주고 싶진 않으니까요. 그저 이 책이 힘든 시간을 버티는 부모들에게 작은 위로가 되길 바랍니다. 더 나아가 아이와 함께 답을 찾아가는 과정에서 작은 실마리가 될 수 있다면 제겐 과분한 기쁨일 것입니다.

2013년 5월
서천석

차례

작가의 말 • 04

부모는 아이와 함께 자란다

있는 그대로의 모습으로 • 15
준비된 부모는 없어요 • 19
좋은 육아는 부모를 위한 것 • 23
가까워서 더욱 모르는 내 아이 마음 • 26
부모의 마음이 먼저입니다 • 30
믿을 것이 없어도 믿는 사람이 부모 • 34
부모는 삶으로 말합니다 • 37
부모의 기대가 아이를 짓눌러요 • 41
시간은 부모의 편입니다 • 43
어려운 상황이 기회 • 48
'사랑'이라는 이름의 억압 • 52
사랑하기 때문에 놓아주세요 • 55
힘든 순간은 꼭 옵니다 • 58
부모의 문제가 아이에게 전해져요 • 61
단기간에 해결되는 문제는 없어요 • 65
내일이 아니라 오늘의 행복을 위해 • 69

에세이 좋은 사람이 좋은 부모가 됩니다 • 72

육아는 디테일 속에 있다

아이가 듣고 싶게 말해야 진짜 교육 • 79
교육과 간섭의 차이 • 83
설득의 기술 • 87
육아는 부부의 연합 작전 • 93
예의는 성숙의 결과입니다 • 96
아이의 질문에 어떻게 대응할까요? • 100
아이와 놀아 주는 게 어려운가요? • 103
아이들의 오락 기구, 어디까지 허용해야 할까요? • 108
엄한 것과 엄격한 것은 달라요 • 114
체벌로 아이를 바꿀 수 있을까요? • 121
형제 키우기 • 124
사춘기 아이를 키운다는 것 • 126
사랑에도 기술이 필요합니다 • 132
때로는 냉정해져야 해요 • 135
아이가 잘못을 저질렀을 때 • 138
작은 변화를 알아차려 주세요 • 142
아이의 인생을 격려해 주세요 • 146
칭찬 사용법 • 149
아이가 자기 생각을 펼칠 때 • 153

에세이 오늘 아이에게 사랑한다 말해 보세요 • 156

갈등 속에서 자라나는 아이들

떼쓰는 아이 • 163
힘들어하는 아이 • 166
친구 사귀기가 어려운 아이 • 170
부모를 공격하는 아이 • 176
스트레스 받는 아이 • 181
화를 참기 어려워하는 아이 • 183
걱정이 많고 불안한 아이 • 188
친구를 괴롭히는 아이 • 192
부모의 사랑을 의심하는 아이 • 195
실패를 경험한 아이 • 199
승부에 집착하는 아이 • 203
실수를 저지른 아이 • 206
자신감이 약한 아이 • 210
자신을 탓하는 아이 • 214

에세이 아이의 고통은 아이의 몫 • 216

흔들리는 부모의 마음

아이에게 미안한 마음뿐이에요 • 223
아이가 내 뜻대로 안 돼요 • 227
아이와의 싸움에서 지고 싶지 않아요 • 233
왜 내 말이 안 먹힐까요? • 238
반항하는 사춘기 아이, 어떻게 대해야 할까요? • 244
아이에게 자꾸 화가 나고 그런 내가 싫어요 • 248
내가 아이를 잘 키우고 있는지 불안해요 • 251

아이가 나를 사랑하고 있을까요? • 256
아이와의 끝없는 갈등에 지쳐요 • 259
아이의 문제를 빨리 없애고 싶어요 • 261

에세이 아이는 부모의 분신이 아닙니다 • 266

아이의 삶을 위한 교육

공부를 못하면 아이의 인생이 실패하나요? • 273
많은 경험을 쌓는 것이 좋기만 할까요? • 278
부모들의 영원한 고민, 조기 교육 • 280
새 학년 새 학기, 어떻게 준비할까요? • 285
아이와 선생님 사이에서 • 288
다른 집과 비교하지 마세요 • 291
아이가 자신의 시간을 관리하게 하세요 • 293
나이에 맞게 공부해야 합니다 • 297
무엇을, 왜 공부하는지 알게 하세요 • 299
아이의 교과서를 들여다보세요 • 302
수학 공부는 어떻게 할까요? • 304
분위기를 만들어 주세요 • 306
책 읽으며 익힌 어휘가 공부의 기초가 됩니다 • 308
시험에 대처하는 자세 • 310
결국, 부모의 믿음이 중요합니다 • 315
아이의 삶을 위한 공부 • 318

에세이 자신감을 키우는 교육 • 320

서천석의 육아 고민 상담소 • 323

부모는
아이와 함께 자란다

추운 날 잠시 곁불을 쬐는 것보다

뜨끈한 국물을 한 그릇 먹어 두는 편이 더 든든합니다.

그러나 찬 바람 부는 길을 한참이나 가야 한다면

무엇보다 속이 따뜻해야죠.

그 따뜻함이 희망입니다.

희망이 없다면 추운 인생길을

견디며 걸어가기가 참 어렵습니다.

🍰 있는 그대로의 모습으로

지금 그 자리에서 시작하세요.
있는 그대로, 부족한 그 모습대로 괜찮습니다.
아이를 지켜 줄 유일한 존재가 당신이고,
마지막까지 당신이 놓지 못할 존재가 아이입니다.
당신이 가진 그대로, 당신이 지금 할 수 있는 만큼만 하세요.
주저앉지만 않는다면 아이도, 당신도 계속 자랄 테니까요.

'있는 그대로의 육아'가 더 낫습니다.
나도, 아이도 있는 그대로를 솔직히 인정할 때,
자연스러운 행동이 나옵니다.
다른 사람의 시선은 살피지 마세요.
잘해야만 한다는 강박도 벗으시고요.
그래야 좋은 부모, 좋은 인간이 되려는 마음이
자연스럽게 살아납니다.
잊지 마세요. 좋은 것은 결코 거창한 것이 아니랍니다.

진정한 사랑을 꿈꾸지 않습니다.
그저 아이를 사랑하는 내 마음을
소중하게 여길 뿐입니다.
대단한 부모이길 꿈꾸지 않습니다.
그저 지금 이대로의 아이와 나를
더 사랑할 수 있기를 바랍니다.

천천히, 천천히
당신 스스로 받아들일 수 있는 만큼,
그만큼 조금씩 변하면 됩니다.
난 당신이 태양을 향해 줄기를 뻗길 바랍니다.
그래야 더 큰 꽃을 피울 테니까요.
하지만 급하게 자라다
당신 줄기가 꺾이길 바라진 않아요.
그러면 더 뻗어 갈 수 없잖아요.
조금씩, 조금씩 좋아요.
변하려는 마음만 꾸준히 가져가세요.

내 마음속의 이상적인 아이를 버리세요.
허물투성이 내 아이를 인정하세요.
나 역시 부모로서 허물투성이며,
내 어린 시절도 그랬습니다.
아이가 왜 이런지 모르겠다는 부모들이 많아요.
하지만 아이들이란 원래 그렇습니다.

조급한 마음이 화를 만들어요.
천천히, 꾸준히 가르칠 수 있다 생각하면
화가 덜 납니다.
나의 바람과 현실의 간격이 클 때 화가 납니다.
좌절감이 화의 뿌리입니다.
그럴 때면 속으로 되뇌어 봅니다.

"나도 부족하고, 아이도 부족하다.
하지만 나도 괜찮고, 아이도 괜찮다."

'완벽한 부모'가 되어야 한다는 압박에 시달리는 부모가 많습니다.
그렇게 자신을 채찍질하고, 그러다 결국 아이에게도 상처를 줍니다.
하지만 완벽해야 좋은 부모는 아닙니다.
힘들게 아이 키우는 자신을 비난하지 마세요.
못난 부분, 잘난 부분 모두 '나'라고 인정하고 토닥여 주세요.
스스로를 있는 그대로 받아들여야 마음의 부담이 줄고,
부모 노릇이 조금은 할 만해집니다.
행복한 육아를 위한 첫 번째 조건은
'좋은 부모가 되어야 한다'는 강박을
느슨하게 푸는 것입니다.

아이의 약점도, 독특한 성격도
꼭 고쳐 줘야 한다고 생각하지 마세요.
그런 마음에 사로잡히면 육아가 무거운 짐이 됩니다.
아이와 함께 보내는 소소한 일상의 즐거움은 사라지고
매 순간순간이 '문제 해결'을 위한 시간이 됩니다.
해도 해도 끝나지 않는 '미션 임파서블'의 과정이 되지요.
오늘 잘 안되면 내일 다시 시도하면 되고,
오늘 바뀌지 않는다고
아이의 인생이 당장 어떻게 되는 건 아니니까 안심하세요.
일주일, 한 달, 일 년. 좋은 부모 노릇을 할 시간은 충분합니다.

🍰 준비된 부모는 없어요

아이에게 어른처럼 보이려 부모들은 노력합니다.
다만 어른처럼 보이는 것이 꼭 어른스러운 것은 아니에요.
부족하고 아직 미숙하지만
그걸 인정하고 성장하는 모습이 어른스러운 것이죠.
잊지 마세요. 우리는 부모지만,
부모가 되었기에 이제 막 성장을 시작했다는 걸요.

준비된 부모는 허상이에요.
부모는 부모가 되어서야 성장을 시작합니다.
자신이 성장하는 모습을 아이와 함께하세요.
창피해하지도 말고, 미리 겁먹지도 말고
아이와 함께 커 가는 자신에게 기뻐하세요.
그것이면 충분합니다.

부모가 아이 같다고 무엇이 문제입니까?
아이와 함께 자라면 되지요.
아이야말로 부모를 키우는 가장 큰 힘입니다.
과거에 들은 부모의 잔소리보다
아이에 대한 내 사랑이
내 마음속 아이를 더 잘 자라게 합니다.
성숙이란 것이 원래 그렇습니다.
스스로 원해서 할 때 더 잘 이루어지죠.

자신에게 잘하지 못하면서
아이에게 잘하는 것, 어렵습니다.
겉으로 드러나는 행동이야 할 수 있겠죠.
아이에 대한 책임감과 불안감으로 잘할 수 있겠죠.
하지만 자연스럽지 않습니다.
너그러운 마음이 아닌 걸 아이도 다 느낍니다.
그래서 늘 사랑을 목말라합니다.
아이를 위해 자기에게 먼저 사랑을 채워 주세요.

좋은 부모가 되려면 너무 많은 일을 해야 합니다.
그러나 한 사람이 할 수 있는 일은 얼마 안 돼요.
하루는 생각보다 짧지요.
일에 밀리면 결국 마음이 좁아집니다.
짜증이 쉽게 나고 아이 마음이 안 보입니다.

좋은 부모가 되려는 노력도 '내려놓기'가 필요합니다.
지금 아이에게 진짜 중요한 것을 한두 가지만 정하세요.
그것만 꾸준히 챙기고 도와주면 됩니다.
거기에 더해 가끔 즐거운 일을 같이 하는 것,
아이가 요청하면 아이 말을 들어 주는 마음의 여유,
아이를 존중하고 인격적으로 대우하는 태도,
이 이상을 부모가 할 수 있다고 보면 욕심일 겁니다.

아이가 잘못되면 부모의 잘못이란 글이 넘칩니다.
부모가 아이에게 상처를 준다는 말도 흔히 합니다.
그러나 부모도 이 사회가 만들어 낸 것입니다.
지나친 경쟁이 부모의 불안을 만듭니다.
출구 없는 사회의 압박, 그로 인한 스트레스,
그것이 아이를 기다려 주지 못하는 부모를 만들고 있습니다.

추울 거라 마음먹으면 아무래도 덜 춥습니다.
아이들 문제도 미리 각오하면 좀 더 잘 견딜 수 있죠.
어떤 순간은 무척이나 어렵습니다.
동생이 태어났을 때, 유치원에 처음 갔을 때,
부모에게 변화가 생겼을 때.
이럴 땐 아이가 좀 잘 넘어가 주었으면 싶죠.
하지만 그건 요행을 바라는 마음일 거예요.

차라리 분명 힘들어질 거라 각오를 하세요.
그러면 우리 몸과 마음이 미리 준비합니다.
추위에 나섰을 때 우리 몸이 그렇듯이.
그렇다고 걱정하고 미리 피하지는 마세요.
추워도 갈 곳은 가야 하고,
걱정스러워도 아이가 감당할 일은 하게 해야 합니다.

🍰 좋은 육아는 부모를 위한 것

'아이를 위해' 좋은 육아를 고민한다는 부모들을 만납니다.
하지만 그 생각은 맞지 않아요.
좋은 육아는 아이를 위해서 하는 것이 아닙니다.
부모 자신을 위해서 하는 일입니다.

고민 없이 키우면 아이는 알아서 잘 자랄까요?
오히려 부모의 말을 더 안 듣고
부모는 아이가 하는 행동이 영 마음에 안 들죠.
그러면 아이 키우는 재미도 없고 자꾸 화가 나요.
화가 나니 아이에게 함부로 대하고 아이는 더 나빠집니다.
이렇게 악순환의 늪에 빠져든 채 인생이 그냥 흘러갑니다.

결국은 자기를 위해 좋은 육아 방법을 찾는 겁니다.
남을 위해서 한다고 생각하면 억울하고 힘이 들어요.
나를 위해서 하는 일이어야
사람은 꾸준히, 오래 할 수 있습니다.

어떤 부모님의 호소.
"전 육아에 온통 매달려 있어요. 너무 힘이 들어요."
너무 안타깝지만 그래도 묻고 싶은 한마디.
"그럼 아이와 함께 즐긴 시간은 얼마나 됩니까?"
아이의 문제와 그 해결에 집중하는 것을
육아의 중심에 두지 마세요.
때로는 문제를 안고 가더라도
아이와 나눈 즐거운 시간이 결국 중요합니다.

아이가 어떤 삶을 살아갈지는 알 수 없습니다.
그 결과를 부모가 책임질 수도 없죠.
결과에 집착하면 육아는 망가집니다.
결과에 신경 쓰는 것은 육아가 아니에요.
그것은 사업이겠죠.
육아는 과정이 전부입니다.
나와 아이가 만나는 순간,
그 순간에 벌어지는 일이 가장 중요합니다.
아이와 만나는 순간의 내 마음과 태도에 집중하세요.
그 순간 스스로에게 만족한다면 그것이 바로 좋은 육아입니다.

육아 스트레스가 높은 부모들의 특성을 조사해 보았어요.

첫째, 아이와의 관계에서 강압적이다.
둘째, 아이에게 공격적인 말과 행동을 많이 한다.
셋째, 아이의 행동을 그냥 놔두지 못하고 자주 개입한다.
넷째, 아이와 함께 교감하는 시간이 없다.

육아 스트레스가 많은 부모의 특성일 뿐인데
꼭 안 좋은 육아 방법을 나열해 놓은 것만 같습니다.
결국 좋은 육아 방법을 배운다는 것은 아이를 위하는 것이 아닙니다.
자신의 스트레스를 줄여 부모 스스로를 위하는 길입니다.

육아는 잘 조절된 상태,
문제없는 상태를 만드는 것이 목적이 아닙니다.
자기를 조절하는 능력, 문제를 해결하는 능력이 자라도록
아이를 키우는 과정입니다.
아이의 엉망인 모습, 아이에게 벌어진 문제를
두려워하지 마세요.
그 순간이 바로 육아가 필요한 '골든 타임'입니다.

🍰 가까워서 더욱 모르는 내 아이 마음

생활을 같이하고, 가까운 사람이기에
상대를 더 잘 이해할 수 있을까요?
아이에 대해 남이 모르는 부분을 많이 알고 있으니
내 아이를 더 잘 안다고 할 수 있을까요?
가깝기에 잘 알 수도 있지만
가까워서 모를 수도 있고, 오해할 수도 있습니다.
우리는 가까운 사람일수록
자신의 마음속 소망을 통해 바라보곤 합니다.
내 아이를 늘 보고 있지만
내가 보는 아이는 내 아이가 아니라
그저 내가 바라는 아이일지도 몰라요.

부모님들은 제게 이야기합니다.
"우리 아이 마음을 알고 싶어요."
아이 마음을 왜 알고 싶은가요?
이해하고 싶은 마음이라면 너무 좋지요.
그런데 내 맘대로 아이를 움직이고 싶어
아이 마음이 궁금한 것은 아닌지요?
그러면 아이는 자기 마음을 숨긴답니다.
사람은 누구나 조종당하고 싶진 않으니까요.
그래서 늘 같이 살면서도 아이 마음을 모르는 거지요.

아이 마음은 어쩌면 알 필요 없어요.
아이 마음을 몰라도 사랑할 순 있으니까요.
중요한 것은 부모의 태도와 마음이랍니다.
아이의 부족한 모습을 인정하고
기운 잃지 않게 격려하는 태도,
아이 생각을 무시하지 않고 존중하는 마음.
아이에게 문제가 있어도
답은 언제나 부모에게 있어요.

"너 아침부터 기분이 왜 그래?"
아이에게 쉽게 하는 말이죠.
하지만 아이 기분은 아이의 것입니다.
찡그린 아이를 보니 내 마음이 언짢아진다고
아이의 기분을 바꿔라 할 수는 없는 일이죠.
아이가 기분이 나쁜 것은 부모 탓이 아니고,
부모가 아이의 기분을 늘 풀어 줘야 하는 것도 아니에요.
기분은 결국 각자의 것입니다.

"기분 안 좋아 보이네. (잠시) 내가 뭐 도와줄 게 있을까?"

이 정도면 충분합니다.
아이의 기분이 계속 안 좋아도 이젠 아이 몫입니다.
물론 부모 마음에 여유가 있다면 풀어 주려 애쓰는 것도 좋아요.
하지만 부모 마음에 여유가 없을 때 애쓰면
결국 화를 내게 되니 차라리 놔두는 것이 더 낫습니다.

아이의 모든 행동에는 긍정적인 동기가 있습니다.
비록 잘못된 행동이라도 그 안에는 긍정적인 동기가 있습니다.
같이 놀자고 엄마의 머리를 잡아당기고
장난감이 갖고 싶어 친구를 밀칩니다.
엄마와 놀고 싶은 마음, 장난감을 갖고 싶은 마음은
하나도 나쁠 것이 없는 긍정적인 동기입니다.
물론 하지 말아야 할 행동이 무엇인지는 가르쳐야 합니다.
하지만 먼저 긍정적인 동기를 읽어 주세요.

"그 장난감이 갖고 싶었구나. 그래도 밀지 말고 말로 해야 해."

긍정적인 동기가 우선인지, 두려움을 피하는 것이 우선인지
부모가 무엇을 앞에 두느냐에 따라 아이들 삶의 태도가 달라집니다.
우리 삶의 대부분은 두려움을 피하는 것이 우선입니다.
야단맞지 않으려고, 나쁜 상황을 피하려고 애를 쓰지요.
어릴 때부터 그렇게 배워 왔기에 나도 모르게 그렇게 살아갑니다.
뭔가를 하고 싶어 살기보다는 위험에 빠지지 않으려고 노력하죠.

하지만 잊지 마세요. 뒤로 걸을 때보다 앞으로 걸을 때가 빠릅니다.
긍정적인 동기부터 읽어 줄 때
앞을 향해 걷는 아이로 자라납니다.

🍰 부모의 마음이 먼저입니다

🐦

마음이란 일정한 크기가 있어요.
그 공간에 걱정이 들어차면 남은 공간은 적어집니다.
공간이 부족한데 새로운 일, 힘든 일이 주어지면
물이 넘치듯 흘러나오는 것이 짜증입니다.
마음의 여유는 걱정이 차지하고 남은 공간입니다.
결국 걱정을 버려야 여유가 생깁니다.
아이에게 자꾸 짜증을 낸다면
그 이유는 대개 아이에 대한 걱정이 너무 많기 때문입니다.

🐦

아이가 울면 견디기가 참 어렵습니다.
그래서 야단을 쳐서라도 멈추게 하고 싶죠.
사실 내 마음도 울고 싶기 때문에
그 감정을 누르려고 아이에게 소리를 지릅니다.
그러니 우선 자기 마음을 달래 주세요.
"많이 속상하지? 그래도 잘하고 있는 거야."

마음의 여유가 없을 때가 있죠.
그럴 땐 아이 문제로 욕심을 부리지 마세요.
답을 찾기 어려운 문제를 해결하려고 하거나,
치열한 감정 대립이 예상되는 싸움을 하지 마세요.
물론 아이에게 이야기할 기회를 놓치는 게 아닌가 걱정되겠죠.
그러나 준비도 없고, 싸울 힘도 없이 달려들면 그 결과는 보나 마나.
마음의 여유가 없을 때는 우선 힘을 내야 합니다.
조금은 어색하더라도 부부 간에, 또는 가까운 친구끼리
서로 위해 주고 좋은 말을 해 주세요.
그리고 아이에게 다가가세요.
내가 밝은 기운을 받아야 아이에게 밝은 빛을 비출 수 있습니다.
내가 상처를 받으면 아이에게 상처를 주기 쉽습니다.
그게 사람입니다.

누가 당신을 공격합니까?
그럴 때면 울컥해서 달려들거나 창피해서 도망가고 싶죠.
그 전에 먼저 스스로를 달래 주세요.
'완벽할 수는 없어. 지금 이대로의 너도 괜찮아.'
위안을 받고 나서야 세상을 더 정확히 볼 수 있습니다.
반성이든, 대응이든 더 잘할 수 있습니다.

제대로 알지도 못하면서 조언하는 사람이
주는 상처도 만만치 않습니다.
아이에게 문제가 있으면
엄마의 사랑이 부족해서라고,
사랑으로 감싸 주라고 이야기하지요.
그 말이 아이를 키우는 엄마에게
얼마나 큰 상처가 되는지
말하는 사람들은 상상도 못 할 거예요.

자식을 위해서 살지 마세요.
자식과 함께 사는 겁니다.
아이를 위해 당신을 잊어버리면
분명 후회하는 순간이 옵니다.
사랑은 사랑하는 주체가 있어야 합니다.
그 주체가 당신입니다.
자신을 잊고 매달린다면
당신은 왜 아이를 사랑하는지 모르고
아이는 자신이 사랑받고 있는지조차 모를 겁니다.

잔바람이 불 때는 한숨 한 번 쉬고 넘어가세요.
삶의 중심부를 흔드는 것이 아니라면 흔들리지 마세요.
작은 일에 흔들리면 그 피로감에
정작 자신에게 중요한 걸 놓아 버릴 수가 있어요.
아이의 나쁜 습관에 신경 쓰다 아이를 싫어하고,
그저 작은 일이 안 풀리는 건데 살고 싶지 않다 말하죠.
'그냥 두고 넘어가기'를 익혀야 해요.
꼭 필요한 삶의 기술입니다.

 믿을 것이 없어도 믿는 사람이 부모

믿을 것이 있어서 믿는 사람은 부모가 아닙니다.
믿을 것이 없어도 아이를 일단 믿는 사람이 부모입니다.
나무를 키울 때 이 자리에 꽃이 필 것이라고 믿으며
오래 바라보면 그 자리에 꽃이 핍니다.
그렇게 믿어 주는 사람이 부모입니다.

어른인 우리도 언제나 흔들려요.
하물며 아이는 어떻겠어요.
잘해 보려는 마음에 초점을 맞춰야 해요.
안 좋은 마음, 좋지 않은 생각도 있을 수 있죠.
그러나 결국 마음은 어느 쪽이 지배하고
어느 방향으로 흐르는가에 달려 있습니다.
처음엔 작은 차이라도 시간이 지나면 큰 차이가 돼요.
좋은 쪽, 잘해 보려는 쪽에 계속 빛을 비춰 주세요.

'바보 온달' 이야기는 다 아시지요?
이 설화는 아이들 발달에 대한 이야기이기도 합니다.
아이들은 모두 발달하는 속도가 다릅니다.
어떤 아이들은 놀라운 잠재력을 갖고 있지만
자기의 행동과 감정을 조절하는 힘은 늦게 자랍니다.
이런 아이들의 행동을 보면 나잇값 못한다고 느낄 수 있죠.
하지만 믿어 주고 기다리면 결국 자기 능력을 발휘합니다.
대기만성형 아이들의 그릇을 미리 깨지 마세요.

조금 더 기다려 주는 마음,
이 시대의 부모에게 가장 필요한 마음입니다.
다들 너무 기다려 주지 못해요.
기다리며 내면을 키울 시간을 주지 못하고,
부모의 불안을 아이들에게 던져 넣지요.
하지만 아이가 어른이 되길 기다려 주지 않는 한,
아이는 몸은 커도 내면은 어린아이에 머뭅니다.

아이가 의존적이라고 한숨 쉬는 부모들을 자세히 보면
정작 부모가 아이로부터 독립하지 못한 경우도 있어요.
그런 부모가 바라는 건 걱정 없고 문제도 없는 상태죠.
그런데 아이를 독립시킨다는 것은
걱정의 많은 부분을 아이에게 맡긴다는 뜻입니다.
그것이 아이에 대한 존중이고
그럴 때 아이가 독립적으로 자랍니다.

**지켜보는 것은 가만히 내버려 두는 것이 아닙니다.
시간을 두고 아이를 깊게, 정확히 보는 것입니다.**
어느 정도 할 수 있는지, 무엇 때문에 안 되는지,
어떤 다른 능력으로 보상할 수 있을지 이해하는 것입니다.
빨리 개입하고 싶은 마음을 누르며 더 깊게 바라보는 것입니다.
원래 좋은 코치는 많은 말을 하지 않습니다.
깊게 관찰하고, 오래 고민한 후에
짧은 몇 마디로 정확하고 현실적인 가르침을 주는 사람입니다.

🍰 부모는 삶으로 말합니다

🐦
"내 삶이 곧 내 메시지다."
간디가 한 말입니다.
얼핏 들으면 자신감의 표현인 듯싶지만
다시 보면 지극히 겸손한 말입니다.
내가 하는 말이 아이가 듣는 메시지는 아니라는 것,
아이에게 비춰지는 내 삶이 메시지라는 것.
참 겁나는 말입니다.

🐦
부모가 아이에게 줄 수 있는 가장 큰 선물은
부모 자신이 안정적인 삶을 사는 것입니다.
만약 아이를 위해서 자신의 안정적인 삶을
포기하고 있다 느껴진다면 다시 생각해 봐야 합니다.
아이는 전체로서의 부모와 만납니다.
어떤 특별한 행위나 교육으로 만나지 않습니다.

무술 고수의 무예, 일목요연하게 정리할 수 있겠지요.
그런데 아무리 고수라도 실전에선
정리한 방법대로 싸우지 못할 겁니다.
몸에 익은 대로, 있는 그대로의 자기로 싸우겠지요.
육아도 마찬가지입니다.
이론대로, 지식대로 키우기 어렵습니다.
육아는 자기 인격의 전부가 아이와 만나는 시간입니다.

"전 아이에게 너그러운 편이에요. 평소에 얼마나 잘해 주는데요."
그런데 아무리 너그러운 부모라도
아이와의 갈등은 얼마든지 일어날 수 있습니다.
아이는 부모의 너그러움을 평소 모습으로 판단하지 않습니다.
갈등이 생겼을 때 부모가 어떤 태도를 취하는지가 중요합니다.

사람의 바닥, 사람의 본질은 심각한 갈등 순간에 드러납니다.
평소에 너그럽게 보이려고 억지로 참는 사람이라면
갈등이 생겼을 때 그간 참은 게 억울해 더 세게 폭발하죠.
평소에는 아이를 덜 받아 줘도 좋습니다.
갈등이 생겼을 때 유연하게 넘어가는 것,
서로 감정 상하지 않고 수습하는 능력이 더 중요합니다.

"아이가 삶을 바라보는 태도가 긍정적이지 않아요."
아이의 삶에 대한 태도가 부정적이라면 많이 걱정되죠.
어떻게 긍정적인 태도를 가르쳐야 하나 고민도 됩니다.
하지만 지적하고 야단치는 것 말고 어떤 시도를 해 봤나요?
긍정적인 태도를 가르치기 위해 몇 가지 방법을 시도해 봤나요?
했는데도 변화가 없을 때 실망하지 않고 새로 시도했나요?
포기하지 않는 부모의 태도가 가장 중요한 가르침입니다.
긍정적으로 계속 시도하는 부모를 보며 아이는 긍정을 배웁니다.

애써 가르치지 않아도 부모가 변한다면
아이는 저절로 배웁니다.
부모와 아이는 함께 한집에서 살고 있으니까요.
그것이 부모가 가진 가장 큰 힘입니다.
부모들은 잘 모르고 있죠.
지금 이 순간에도 자신의 행동으로
얼마나 많은 것을 아이에게 가르쳐 주고 있는지.
그 가르침에 따라 아이는 달라집니다.
결국 먼저 달라져야 할 것은 부모의 행동입니다.

중요한 일은 너무 많아요.
그래서 자기 자신에게 자주 물어야 해요.

'내가 뭘 하고 있지? 난 어떻게 살고 싶었지?
내게 소중한 가치는 무엇일까?
얼마 안 되는 시간을 어디에 써야 할까?'

자주 묻지 않으면 어리석어져요.
비록 잘못된 길을 가고 있지는 않아도
내 선택이 어리석을 수 있어요.
그것이 인생이에요.

내가 어디에 담겨 있는지에 따라 내가 결정됩니다.
나의 그릇은 어떤 그릇인가요?
나의 그릇은 나의 시간입니다.
내 시간은 어떻게, 무엇으로 채워지고 있나요?
내 마음이, 나에 대한 막연한 생각이 내가 아닙니다.
내가 들이는 시간이 나에 더 가깝습니다.

🍰 부모의 기대가 아이를 짓눌러요

아이들은 부모의 작은 요구를 만족시킬 때 기쁨을 느낍니다.
그런데 아이가 크면서 부모의 바람은 점점 커지고,
그것을 다 만족시키기 어려워지면 아이는 두려움을 느낍니다.
'엄마, 아빠가 바라는 것을 못하겠는데 어쩌지?'

이제 아이는 스트레스를 받고 그래서 부모로부터 멀어져 갑니다.
부모는 아이의 그런 마음을 몰라요.
그저 '말 안 듣는 아이'로 생각하지요.
하지만 진실은 전혀 다릅니다.
아이는 부모의 요구를 만족시키기 어려워 두려움에 빠졌을 뿐입니다.

나의 기대 수준을 낮추고, 아이를 격려하세요.
그러면 곧 아이는 다시 부모 곁으로 돌아옵니다.

부모가 아이에게 바라는 내용을 들여다보면
아이 나이에 어려운 것은 물론이고
많은 부분이 부모 자신도 잘 해내지 못하는 것들입니다.

매 순간 성실하라고 아이에게 조언하지만
정말 부모들은 매 순간 성실하게 살고 있을까요?
모두 마음에 여유가 없어서 그렇습니다.
여유가 없을 때 우리는
남도 자신과 같을 거라고 쉽게 생각하죠.
나에 대한 기대를 남에게 하기 마련이죠.

부모의 기대가 아이에게는 맞지 않을 수 있어요.
그런데도 기대를 버리면 포기하는 거라 생각합니다.
하지만 기대를 내려놓는 것은 포기와는 달라요.
부모의 기대를 채우지 못해도 아이는 부모에게 소중합니다.
또 그 아이에겐 정말 소중한 나름의 보물이 있을 겁니다.
다만 부모가 품어 온 기대와 꿈에 맞지 않을 뿐이죠.
아이가 스스로에게 실망하지 않는다면
자신의 보물을 가지고
충분히 성공한 삶을 살 수 있습니다.

🍰 시간은 부모의 편입니다

아이와 어떻게 가까워질지 모르겠다면 아이 근처에 자주 머무세요.
관계는 결국 시간입니다.
감시하려고, 잔소리하려고, 뭘 가르치려고 하지 말고
호기심을 갖고 바라보세요.
아이가 컴퓨터 게임을 하고 있다면
게임을 어떻게 하나 궁금하다며 들여다보세요.
애착을 만드는 첫 번째 열쇠는 근접성입니다.
가까이 머물면 정이 듭니다.

육아에서 근본적인 해결책을 찾으려 매달리지 마세요.
그저 상황을 잘 버티는 게 더 나을 수 있어요.
아이와의 갈등은 부모 자녀 관계의 본질입니다.
하지만 갈등 속에서도 아이는 자라지요.
갈등을 극단적으로 끌고 가지 않으면
아이는 내면에서 갈등을 처리하고 그를 통해 성장합니다.
그렇게 버티는 긴 과정이 육아입니다.

시간이 자신의 편이라는 것을 모르는 부모는
자신이 가진 힘의 절반을 놓치고 있는 것입니다.
시간이 아니라면 부모는 아이를 가르치기에 불리합니다.
아이와 친근한 사이니까 권위가 잘 서지 않고,
일상을 공유하기에 약점을 보이기 쉬워 말도 잘 안 먹히죠.
하지만 부모는 누구보다 아이와 오래 만납니다.
천천히, 꾸준히 교육하는 일은 부모만 할 수 있습니다.

조급하게 몰아치는 것은 부모의 교육법이 아닙니다.
그건 당장 성과를 내야 하는 사람들의 방법이지요.
아이의 마음을 빨리 잡으려는 것도 부모의 사랑법이 아닙니다.
언제 헤어질지 모를 연인 사이는 아니니까요.
무리하지 않고, 포기하지도 않기에 부모가 강한 겁니다.

어릴 때 아이를 몰아치면 아이는 조급함을 내면화할 수 있어요.
이런 아이들은 자라면서 작은 좌절감에도 화가 납니다.
부모가 주는 영향치고는 썩 좋지 않아요.
시간을 자기편으로 만드는 아이로 키우려면 기다려 주세요.
아이가 나갈 방향은 분명히 잡더라도 속도에는 얽매이지 마세요.

"지켜보는 것은 길게, 조언은 가끔만."
부모가 되면 마음이 급해 이게 잘 안됩니다.
겨우 조금 본 걸 갖고 너무 길게 말하죠.
부모들은 아이에게 어떻게 말하는 것이 효과적일지 물어봅니다.
대답은 간단합니다. 말하는 방식이 중요하진 않아요.
그 대신 오래 보고, 깊게 이해하세요.
**부모가 자기를 깊게 이해하고 있다고 느낀다면
부모가 하는 말의 내용은 그리 중요하지 않습니다.**

결국은 내가 해결할 수 있다는 믿음이
자신을 부드럽게 만듭니다.
화가 나고 쉽게 흥분한다면 아직 자기를 못 믿는 것.
그럴 땐 내려놓으세요.
시간이 흐르고, 그 뒤에도 나는 남아 있을 겁니다.
그런 자기를 믿으세요.
버티며 해결할 자가 결국 당신입니다.

시간을 들여 작은 텃밭에 꽃나무를 심고 꾸준히 가꿔
나무가 울타리를 타고 자라는 걸 보며 기뻐하는 모습.
요즘은 참 찾기 어렵습니다.
꾸준한 노력이 만든 작은 결과에 기뻐하는 사람은
어리석다고까지 생각합니다.
아이를 키울 때도 마찬가지죠.
작은 노력을 짧게 한 것이 전부인데도
다들 결과만은 대단하기를 바랍니다.

하지만 꼭 기억해야 합니다.
나는 그렇게 대단한 존재가 아니라는 것,
많은 변화를 가져올 수는 없다는 것을.
세상은 물론 심지어 내 아이에게도 그렇습니다.
하지만 내 인생만큼은 조금 더 욕심낼 수 있습니다.
나의 삶은 나만의 완성품으로
꾸준히 가꾸며 살아갈 수 있습니다.
그 꾸준한 시간이 가장 아름다운 결과입니다.
그리고 그 시간을 보며 아이도 닮아 갑니다.

깊이 있는 표정을 가진 사람에게
사람들은 쉽게 마음을 엽니다.
깊이 있는 미소를 볼 때
자신감을 얻기 쉽습니다.
깊이 있는 표정은 시련이 주는 선물입니다.
가슴 안에서 삶의 굴곡을 소화하며 평온을 구할 때
세월이 깃듭니다. 표정이 깊어집니다.

어려운 상황이 기회

🐦
힘든 상황, 어려운 순간이 기회입니다.
힘들 때는 감정적이라 서로 많이 변화할 수 있습니다.
힘든 상황이 왔을 때
나를 보고, 나를 이해해 달라 말하지 않고
아이를 보고, 아이를 이해하려 해 보세요.
그 순간부터 관계가 변화하고 상황은 역전됩니다.
아이가 내게 진심을 열고 다가옵니다.

아이가 말을 안 듣는 걸 반항이라고만 보지 마세요.
어디까지 할 수 있고, 어디부터 안 되는지 알려는 겁니다.
그래서 그 순간이야말로 진짜 교육의 순간입니다.
부모가 어떻게 갈등 상황을 처리하고,
말을 들어야 하는 이유를 얼마나 효과적으로 설명하는지에 따라
아이의 미래가 달라집니다.

아이의 단점이 마음에 걸립니다.
내버려 두면 후에 큰 문제로 이어질까 걱정됩니다.
걱정이 되어 자꾸 지적합니다.
하지만 아이는 그런 부모가 부담스럽죠.
눈치 보고 피하며 부모를 벗어나려 합니다.
그러다 정말 큰 문제가 생겼을 때도
아이는 부모에게 말하지 않습니다.
그래서 고칠 기회를 영영 놓칩니다.

부모의 생각과는 달리
아이의 습관은 어른의 습관보다 훨씬 잘 고쳐집니다.
습관이 오래 묵은 것도 아니고,
옆에서 도와줄 어른도 있으니까요.
게다가 아이들은 자라면서
그 습관이 더 이상 필요 없는 상태로 발전합니다.
결국 습관을 없애는 가장 큰 힘은 아이의 성숙입니다.
나쁜 습관을 없애는 데 집중하지 말고
아이를 성숙시키는 데 집중하세요.

아이들의 문제를 도와줄 때는
아이를 중심에 두고 생각하세요.
하지만 많은 부모가 이 말의 의미를 곧잘 오해합니다.
어른인 내가 생각할 때 아이에게 좋아 보이는 걸 해 주며
아이를 중심에 두고 생각했다고 말하지요.
아이를 중심에 두는 것은 그게 아닙니다.
아이와 내가 다를 수 있음을 알고,
어떻게 다른지 궁금해하며,
나와 다른 존재인 아이와 계속 소통하려는 태도입니다.

비가 아무리 와도 그릇을 뒤집어 놓으면
한 방울의 물도 고이지 않습니다.
제대로 놓였다면 비가 조금만 와도 제법 고일 것입니다.
가끔 부모와 아이를 만나며 마음이 아플 때가 있습니다.
아이는 자기의 그릇을 뒤집어 놓았는데,
부모는 세찬 소낙비처럼 아이에게 퍼붓습니다.
아이는 부모 말을 듣지 않겠다고 마음먹었는데,
부모는 답답한 마음에 더 세게 아이를 야단치지요.
아이의 그릇부터 제대로 놓아야 한다는 건 잊은 채로요.

🐦

사람은 모두 해결되지 않은 문제를 갖고 살아갑니다.
그런데 부모들은 아이에게만큼은
문제가 조금이라도 있으면 안 된다 생각하죠.
그러나 그것은 불가능한 일.
아이가 문제와 함께 살아가는 것을 인정하세요.
아이의 문제를 인정하고 이해해야
아이에게 화내지 않고 힘을 줄 수 있습니다.
그래야 아이도 문제를 더 잘 극복합니다.

🐦

삶에는 정답이 없다는 것을
우리는 너무 자주 잊어버려요.
그 순간에 타협해서 낸 선택이
결국 최선이고, 정답이라면 정답인 건데.
'이게 옳잖아. 왜 이렇게 안 해?' 하고
아이와 다투며 시간을 보내지 마세요.
차라리 다음 순간에는 더 나은 방법을 선택하자고
아이를 격려하며 웃어 주세요.

🍰 '사랑'이라는 이름의 억압

"엄마는 널 위해 뭐든 할 수 있어."
그냥 사랑한다고 말하지 않고,
굳이 뭐든 해 줄 수 있다고 강하게 말합니다.
이 말이 사실일까요? 또 올바른 말일까요?
그 내면에 어떤 마음이 들어 있을까요?

사랑은 한계가 있어요.
아이에게만 다 줄 수도 없고,
아이가 바라는 것을 다 채워 줄 수도 없어요.
그건 아이도 알아야 합니다.
못 배우면 아이는 평생 괴로울지도 몰라요.
남에게 다 채워 주려다 지쳐서,
남에게 다 요구하다가 좌절해서
늘 괴로워하며
새로운 사랑을 찾아다닐지 몰라요.

먼저 아이가 받고 싶어 하는 것을 주세요.
그게 우선입니다.
내가 주고 싶은 게 먼저가 아닙니다.
부모들은 아이의 문제를 해결해 주고 싶어 해요.
약점을 극복하게 하고 싶어 하죠.
그러나 그건 부모의 역할이 아닙니다.
아이가 배워서 스스로 해야 할 일이겠죠.
부모가 줘야 할 기본은 우선 인정과 사랑입니다.

내 목표는 내가 해낼 수 있는 것이어야지,
상대가 해 줘야 이룰 수 있는 것이어선 곤란합니다.
상대가 내 마음 같을 수는 없는 법이니
나도 괴롭고, 자칫 관계도 망가지지요.
그럼에도 부모와 자녀의 관계에서
이러한 목표 설정은 흔하다 못해 일반적입니다.
아이가 열심히 해야 이룰 수 있는 목표를 세우지 마세요.
내가 스스로 아이를 위해 노력할 목표를 세우세요.

부모가 사랑이란 명분하에 아이를 괴롭힙니다.
네가 잘되기 위해서라며 무언가를 강요합니다.
참던 아이는 마침내 반항하죠.
자기를 학대하는 방식으로 부모에게 보복합니다.
위험한 행동을 하고, 해야 할 일은 하지 않으며.
자신을 사랑하기에 반항하는 것이지만
그 사랑의 방식은 여전히 학대입니다.
부모가 자신에게 보여 준 사랑의 모습 그대로지요.

사랑한다고 함부로 해서는 안 됩니다.
상대방이 연인이든, 아이든 어떤 관계에서도 마찬가지입니다.
만약 함부로 하고 싶다면, 내 멋대로 하고 싶다면
그 감정에는 사랑 말고 다른 이름을 붙이세요.
사랑이라 부르면서 함부로 한다면
당신에게 소중한 것은
더 이상 남지 않을지도 모릅니다.

사랑하기 때문에 놓아주세요

사랑을 하면 필연적으로 상대를 이상화합니다.
상대에게 그 사람이 가진 것 이상을 기대하죠.
현실에는 눈을 감고 기대를 버리지 못합니다.
아이들을 사랑할 때도 마찬가지죠.
정도의 차이가 있을 뿐 어느 부모든
자신의 아이에게 너무 많은 것을 기대합니다.

아이가 어떻게 마음에 들겠습니까?
사랑을 하면 상대가 대단해야 합니다.
내가 사랑할 만한 존재여야 하니까요.
그렇게 기대가 커지기 마련인데
어떻게 아이가 마음에 들겠습니까?
아이는 내 마음에 안 듭니다.
그렇지만 받아들이지 않을 수 없습니다.
그래서 부모의 사랑이 어렵습니다.

예전엔 받아들이지 못하던 생각과 경험도
열린 마음으로 대할 수 있는 것.
사랑이 주는 큰 선물이죠.
나답지 않아 불편해 못 가던 길,
사랑하기에 견디며 가 볼 수 있습니다.
그래서 아이는 부모에게 선물입니다.
비록 힘들지만 성숙을 주는 선물입니다.
부모를 자라게 하는 신의 선물입니다.

"사랑하는 사람을 놓아주어야 한다.
그가 돌아온다면 그는 떠난 적이 없는 것이다.
그가 돌아오지 않는다면
그는 너에게 결코 속한 적이 없는 것이다."

성 프란치스코의 말입니다.
아이가 클수록 부모의 마음은 불안합니다.
그러나 불안해서 잡는다고 내 것은 아닙니다.
오히려 자유를 줄 때 관계가 이어집니다.

🐦

우리는 사랑을 줄 때면 더 가까워지기를 기대합니다.
그런데 아이를 향한 부모의 사랑은 그 사랑이 충분할수록
아이를 품에서 떠나보내게 되지요.
언젠가 독립적인 어른으로 부모에게 다시 돌아와
더 좋은 관계를 맺을지 몰라도 일단은 떠나갑니다.
조금씩 떠나가는 아이를 보며 꾸준히 사랑을 준다는 것,
정말 쉽지만은 않기에 부모의 사랑이 힘듭니다.

🐦

쉽지 않지만 아껴 두려는 마음.
모두 표현하고 싶어도
조금 덜어 가슴에 쟁여 두는 마음.
곰삭혀서 더 그윽한 향으로 대접하려는 마음.
오랫동안 같은 맛을 내기 위해
내 마음자리를 가꾸는 태도.
사랑을 소중하게 다루는 마음입니다.
아이를 깊게 사랑하는 마음입니다.

🍰 힘든 순간은 꼭 옵니다

아이를 키우다 보면 힘든 순간은 꼭 있습니다.
돌부리에 걸려 넘어질 때도 있어요.
그런데 우리가 길을 걷는 이유는
돌부리를 피하기 위해서는 아니에요.
예쁜 꽃을 구경하고, 날 기다리는 사람을 만나고,
사랑하고 행복하기 위해서지요.
돌부리가 있는지는 주의해서 살펴야겠지요.
그러나 돌부리가 인생 그 자체는 아닙니다.

**힘든 순간일수록
자신을 행복하게 해 주는 걸 생각하세요.**
걱정을 끌어와서 한다고 걱정이 줄어들지 않습니다.
걱정은 걱정을 불러오고 마침내 장막처럼 날 덮어 버리죠.
상황을 이겨 낼 힘을 빼앗고 현실에 무릎 꿇게 만들지요.
걱정보다 행복에 집중하세요.
그래야 살아남습니다.

고통을 감수하며 발전하는 아이들.
부모들은 다들 그런 아이의 모습을 꿈꾸지요.
아이들과 상담하다 보면 아이들 스스로
고통을 받아들이는 순간이 있습니다.
하지만 그렇게 되기까지 시간이 필요합니다.

아이의 내면이 얼마나 준비되었는지
이해하며 기다려 주는
어른의 헌신이 필요합니다.
그저 고통을 겪는다고 다 자라지 않습니다.
봄의 강한 햇볕은 벼를 마르게 할 뿐이죠.
가을 햇볕만이 벼를 살찌웁니다.

아이는 안 따라오고
부모도 뾰족한 해결책이 없다면 그만둘 때입니다.
지금 가는 길은, 최소한 지금은 때가 아닌 거예요.
그렇다고 영원히 포기하라는 것은 아닙니다.
마음에 목표로 담아 두고 다른 길, 다른 때를 찾아보세요.
절망감에 왜 안 되느냐고 아이에게 퍼부으면
함께 망가질 뿐입니다.

힘들 때 필요한 것은 '의미'입니다.
의미가 있다면 고통은 한결 견디기 쉬워지죠.
그래서 삶의 의미와 목적을 생각하는 힘은
우리에게 필요한 중요한 능력입니다.
자기 삶을 이끌어 가는 의미를 알고 있는 부모,
눈앞의 현실을 한 차원 넘어서 생각하는 부모의 모습은
아이에게 주는 중요한 교육입니다.

큰 잘못 하나가 나를 망가뜨리진 않습니다.
잘못이 하나라면 그것은 접고 나를 새로 바꾸면 됩니다.
잘못이 클수록 반성하기도 쉽고 다시 반복하지 않게 됩니다.
오히려 더 큰 문제는 작은 잘못이 조금씩 늘어나는 것이죠.
한 걸음씩 뒤로 물러나다 보면 어느덧 내가
잘못 그 자체가 되고 말 수 있어요.

🍰 부모의 문제가 아이에게 전해져요

아이의 공격적인 성향이 꼭 부모 탓은 아닙니다.
하지만 우울한 엄마의 아이는 공격성이 늘어나죠.
아이는 우울한 엄마, 현실을 버거워하는 엄마를
자기로부터 멀어지려는 것으로 느낍니다.
아이로선 그렇게 생각할 수밖에 없어요.
그 결과, 배신감에 화가 나고 공격적으로 변합니다.

아이에게 잘하려다 엄마가 우울해지면 안 됩니다.
아이에게 잘하지 못한다고 생각해도
나는 왜 이럴까 스스로를 비난하지 마세요.
오히려 스스로에게 잘해 주세요.
자기에게 선물도 하고, 따뜻한 차도 마시고,
격려하는 사람도 만나세요.
엄마가 먼저입니다.

🐦
방치된 아이는 그 방치의 경험을 내면화합니다.
스스로를 방치하며 자기를 소중히 여기지 않아요.
미래에 대한 꿈은 그저 안전함이 전부고,
마음이 괴로워도 자기를 아껴 주지 않아요.
오히려 학대하거나 외부로 분노를 드러냅니다.
바로 부모가 자기에게 그렇게 했듯이요.

🐦
부모를 사랑하기에, 부모가 절실하게 필요하기에
아이들은 자기를 공격합니다.
부모가 문제이고, 부모가 감정 조절을 못해서
자신에게 함부로 한 것이라 생각하면 너무 무섭습니다.
그래서 차라리 내가 문제인 거라고 생각합니다.
그렇게 자기를 공격해서 우울 속으로 빠져듭니다.

총을 든 사람이 다가옵니다.
이때 느끼는 불안은 사람마다 다릅니다.
겁을 먹고 도망갈 수도 있고,
그 사람을 공격할 수도 있죠.
어른이 왜 장난감을 갖고 노나 생각할 수도 있고,
관심 없이 지나칠 수도 있죠.
총이 아니라 그를 보고 느낀 내 불안이 핵심입니다.

많은 부모가 아이가 하는 문제 행동 때문에
어쩔 수 없다고 말합니다.
많은 부모를 만나 온 제 경험에 비춰 봤을 때,
아이가 같은 행동을 해도
부모들은 참 다르게 반응합니다.

아이의 행동이 문제가 아닙니다.
그 행동을 부모인 내가 어떻게 느끼는지,
내가 불안한 정도가 나의 반응을 결정합니다.

아이들이 자기 앞의 삶,
자기 미래에 관심을 갖지 못한다면 돌아봐야 합니다.

'부모인 내가 나의 삶을 잘 가꾸고 있나?
나에게 주어진 인생을 사랑하고 있나?
내 자아의 실현을 위해 뭘 하고 있나?'

부모의 불만과 우울, 피로와 체념을
내면화하는 아이가 참 많습니다.

어린 시절에 부모로부터 받은 상처가 많은 분들은
아이를 키우며 아이에게 함부로 했을 때
더 심하게 스스로를 탓합니다.
그러나 자책하는 분들은 적어도
자기의 부모보다는 나은 겁니다.
그러니 자책은 그만두고 격려를 하세요.

"잘하고 있는 거야. 제대로 배우지도 못했는데.
실수는 이제 잊고 계속 파이팅하자!"

 단기간에 해결되는 문제는 없어요

🐦

아이의 행동이 무척 마음에 안 들 때가 있을 겁니다.
몇 번 말해도 변화의 기미는 보이지 않을 때죠.
그럴 때는 그저 부모의 몫에만 충실하세요.
아이가 자기 몫을 못한다고 어떻게든 바꾸려 하지 마세요.
아이를 돕고 격려하며 기다리세요.
답답하고 속이 터지지만 그게 그 순간은 최선입니다.

🐦

아이에게 결심을 하라고, 마음을 다져 먹으라고 이야기합니다.
그런데 결심이 필요한 것은 오히려 부모입니다.
아이의 문제는 단시간에 해결되지 않습니다.
긴 시간을 두고 봐야 합니다.
그 긴 시간을 함께해야 하기에
부모에겐 굳은 결심이 필요합니다.
마음을 다져야 할 사람은 부모입니다.

"풀리지 않는 문제들 앞에서
결코 인내심을 잃지 마라.
그 문제들을 사랑하려고 애써라.
억지로 답하지 말고 그 문제들과 함께 살아가라.
그러면 어느 날 문득
그토록 찾던 답 속에서 살아가고 있는
자신의 모습을 발견할 것이다."

라이너 마리아 릴케의 말입니다.
아이들이 처한 문제도,
부모 자신에 대한 문제도
해결하려면 결국 끈기가 중요합니다.
해결이란 늘 시간이 걸리죠.
그래도 포기하지 않고 방향만 제대로 잡는다면
나무가 해를 향해 자라듯 조금씩 나아집니다.
가끔은 애초의 생각이나 기대와는 다르게
해결될 때도 있어요. 그게 정상입니다.

아이의 문제에 대해 부모가 해결 방법을 생각합니다.
좋은 계획이 세워지면 마음속으론 문제가 다 해결된 듯싶죠.
그런데 아이가 내가 세운 계획대로 움직이지 않아요.
그런 좌절의 순간에 부모의 바닥이 나옵니다.
그 순간 한 번 더 집중해 해결책을 찾을 수 있을까요?
뜻대로 안 되는 그 순간이
집중이 필요한 결정적 순간입니다.

무거운 짐을 억지로 들려 하면 허리를 다치고 맙니다.
꼭 해결해야 할 마음의 짐이라 하더라도
지금 당장 해결해야 하는 것은 아닙니다.
무작정 덤벼들기보다 문제를 해결할 준비를 해야 합니다.
무거운 물건을 들기 전에
허리와 다리 힘을 키워야 하는 것과 마찬가지입니다.

가벼운 문제가 아니더라도 가벼운 태도로 대응할 수 있습니다.
당장 해결하지 못할 무거운 문제라면
가볍게 대하며 시간을 보내는 게 나을 수 있습니다.
긴 여행을 떠날 때도 가벼운 차림이 나을 때가 있습니다.
짐을 꾸리고, 짐을 나르느라 다 지쳐 버리면 곤란하니까요.

🐦
불안을 다루는 좋은 방법 중 하나가 '3년 생각'입니다.
아이가 어떤 문제를 갖고 있거나,
아이에게 어떤 태도를 만들어 주고 싶다면
앞으로 3년 동안 어떻게 도와줄까 계획을 세우세요.

시간을 들여 이뤄 낸 해결책이 진짜 해결책입니다.
천천히, 꾸준히 도와주려 할 때 나의 불안도 가라앉습니다.

🐦
힘든 상황에 처했을 때,
게다가 금방 해결될 가능성이 없을 때는
그 문제에 너무 매달리지 마세요.
차라리 기분을 좋게 하는 작은 일들,
고마운 일들을 모아 가세요.
예쁜 조약돌을 줍고, 따뜻한 차를 마시듯.
나쁜 생각을 하는 시간만 줄어도 버티기 쉬워집니다.
버틸 힘이 조금 세집니다.

내일이 아니라 오늘의 행복을 위해

🐦
오늘 아이와 즐거운 시간을 보내는 것이 행복입니다.
어떤 분은 지금의 행복에만 집착하면
미래는 어떡하느냐고 묻습니다.
그러나 현재를 즐기는 사람이 틈틈이 미래도 준비합니다.
반면 현재를 희생하는 사람은 미래도 희생으로 보냅니다.

🐦
행복은 열심히 준비할 때만 찾아오는 게 아니에요.
갑자기 찾아와 우리를 놀라게 하기도 하죠.
아이들이 우리를 기쁘게 하는 순간도 그래요.
예상치 못한 때 부모를 감동시키죠.
반면 우린 아이에게 어떻게 대하나요?
미래를 준비하란 말만 반복하면서
지금 이 순간 아이에게 행복을 주는 것은 계속 미루고 있지 않나요?

많은 부모들의 마음속엔
'행복한 가족'이라는 신화가 있습니다.
신화 속의 부모들은 아이들을 가운데 세우고는
함께 손을 잡고 나란히 걸어갑니다.
가끔은 신화 속 장면을 유지하기 위해
현실의 나를 희생합니다.
행복한 가족은 다양한 것인데
신화 속의 그 모습에 마음이 매여
자신을 희생하고, 결국 가족을 희생합니다.

**아이의 미래에 대해 생각할 때
불가능한 일에 매달리지 마세요.**
꿈을 품는 것은 좋습니다.
꿈을 품어서 행복해진다면 꿈을 꾸도록 해요.
꿈을 꾸어서 불행하고 답답하다면 그 꿈은 버려야 합니다.
변하지 않을 일이라면 생각하지 말기로 해요.
변하지 않을 일에 매달리기엔
내 삶이 너무 아깝습니다.

🐦

작은 행복이 반짝이는 순간을 소중히 여겨야 합니다.
그런 순간을 우리는 아무렇지도 않게 보내 버려요.
그러면서 더 큰 행복을 찾아 돌아다니죠.
시간은 상대적입니다.
작은 행복의 순간에 주목하고,
음미하고, 머물러 보세요.
그 순간이 하루에 고작 한 번이라도
삶의 색깔이 달라집니다.

🐦

아이들의 단조로운 생활에 여유를 불어넣어 주세요.
반복하는 일상에선 의미를 찾지 못해
점점 마음이 쪼그라듭니다.
"우리 시내 가서 단팥죽 먹을까?"
"엄마랑 옛날에 살던 동네에 한번 다녀오자."
아이 기분뿐 아니라 내 기분도 달라져
생활이 조금은 더 반짝일 거예요.

에세이

좋은 사람이 좋은 부모가 됩니다

 부모들이 가장 많이 하는 질문 중 하나가 "아이를 잘 키우려면 어떻게 해야 하나요?"입니다. '잘 키운다'는 말에는 여러 가지 의미가 들어 있기에 이 질문에 제대로 답하기는 어렵습니다. 다만 언제부터인가 이런 질문을 받으면 다음과 같이 답변하곤 합니다.
 "아이가 잘 자라기 위해서는 두 가지가 필요합니다. 첫째는 부모가 좋은 사람이어야 합니다. 둘째는 아이가 부모를 좋아해야 합니다."
 '청출어람'이라는 말이 있기는 하지만 적어도 청소년기까지는 아이가 부모의 그릇을 넘어서기가 쉽지 않습니다. 아이는 부모를 기준틀로 삼아 긍정적인 영향과 부정적인 영향을 모두 받습니다.
 아이가 부모와 비슷하다는 이야기를 하면 믿지 못하겠다는 부모가 많습니다. "내 아이가 하는 행동은 나와 전혀 다른데 어떻게 나와 아이가 비슷하다는 말인가요?" 그러나 고집스럽게 부모의 뜻에 엇나

가는 아이를 보고 있자면 마찬가지로 고집스럽게 아이의 주장을 꺾어 보려는 부모의 모습이 겹칩니다. 또 다른 부모들은 말합니다. "남에게 싫은 소리를 듣지 않으려고 조심하는 저와는 달리 아이는 다른 사람에게 지나치게 함부로 대해요." 그러나 그 부모는 자기 자신 역시, 채 자라지 못한 아이의 한계를 이해해 주지 못하고 함부로 대하고 있다는 사실은 보지 못하고 있습니다. 부모와 아이가 다를지도 모릅니다. 하지만 적어도 아이가 느끼고 경험하는 부모의 모습과 아이는 놀랍게도 많이 닮아 있습니다.

아이들은 부모의 영향을 매우 강력하게 받습니다. 부모들의 생각보다 부모가 아이에게 미치는 영향은 훨씬 더 크죠. 특히 어린아이들의 경우, 부모와 함께 지내는 시간도 많고 부모가 절대적인 존재이기에 매 순간 부모를 느끼고 기억하고 모방하며 살아갑니다.

부모들은 자신을 별 볼 일 없는 사람이라 생각할지 몰라도 아이들에게 부모는 절대적인 힘을 가진 존재입니다. 초등학생인 아이를 업고 나면 무릎이 시큰거리고, 쌀 한 포대 드는 데도 팔이 후들거리는 아빠라도 아이는 아빠를 천하장사처럼 생각합니다. 엄마가 화가 나서 아무 생각 없이 던진 한마디를 두고 아이는 며칠을 고민하고 악몽까지 꾸면서 두려워하기도 하죠.

과거와 달리 요즘은 부모가 아이들에게 많은 신경을 쓰고 아이들의 일상에 더 많이 개입합니다. 그러다 보니 부모가 아이에게 미치는 영향은 점점 강해지고 있으며 아이가 부모로부터 심리적인 독립을 하는 시기도 더 늦어지고 있죠.

많은 부모들은 자신이 아이에게 직접 하는 말만 영향을 미치리라 생각합니다. 그런데 그렇지 않습니다. 언어를 통한 사고가 아직 취약한 아이들은 부모의 말을 통해서는 별 영향을 받지 않습니다. 오히려 부모의 태도와 행동, 자신에 대한 반응, 정서와 표정에서 영향을 받습니다. 아무리 말로 그럴듯하게 훈계해도 정작 부모의 태도가 훈계의 내용과 다르다면 아이는 내용이 아닌 태도만을 배웁니다. 다른 사람의 입장을 배려하지 않는다며 부모가 아이에게 짜증을 낼 경우, 아이가 배우는 것은 타인에 대한 배려가 아닌 짜증입니다.

부모 자신이 아무리 성숙한 인격을 가지고 있다고 하더라도 아이가 부모를 좋아하지 않는다면 이 또한 소용이 없습니다. 오히려 불리할 수 있죠. 아이는 부모에 대한 반감으로 부모의 모습과 반대되는 행동을 할 수도 있으니까요. 자기도 인식하지 못한 사이에 저절로 부모의 모습을 닮아 가는 것이 아이의 인격 형성 과정인데, 부모를 좋아하지 않는 아이는 일부러 부모의 반대편을 향해 눈길을 돌리고 몸을 움직입니다. 반대로 아이가 부모를 좋아하는 경우, 특별히 부모가 노력하지 않더라도 아이는 부모의 모습을 보며 조금씩 배우고 바뀌어 갑니다.

  결국 좋은 아이로 키우기 위해서는 부모가 성숙해야 하고 아이와 좋은 관계를 유지해야 합니다. 아이보다 한 걸음 먼저, 또는 아이와 함께 좀 더 성숙한 사람이 되어 가려는 부모의 노력을 통해 아이도 성숙에 이를 수 있습니다. 아이만 자라는 것이 아니라 부모 역시 자라야 자기 품에서 아이를 키울 수 있습니다. 큰 종을 만들려면 큰 거푸집이 필요하고, 오래가는 도자기를 만들려면 가마의 온도가 충분히 올라갈 만큼 큰 가마가 필요합니다.

  아이만 잘 키우면 될 줄 알았는데 부모 자신이 성숙해야 한다니, 아이 키우기 참 어렵다고요? 하지만 부정적으로 보지 말고 긍정적으로 바라보십시오. 한 번에 두 가지 모두를 잡을 수 있으니, 두 마리 토끼를 따로 잡는 것보다 훨씬 낫습니다.

육아는
디테일 속에 있다

남을 위해서는 오래 못 참습니다.

자신을 위해서만 겨우 참을 수 있습니다.

자기를 못 믿는 사람은 참기 어렵습니다.

겁이 나서 감정을 누를 수는 있겠지만

오래 참기는 어렵습니다.

자기를 좋아하는 사람이 잘 참습니다.

참는다는 것은 때론

자기를 소중히 여기는 일입니다.

🍄 아이가 듣고 싶게 말해야 진짜 교육

아이에게는 지적하고 가르칠 일이 참 많지요.
다만 교육의 주인은 아이이기에
아이가 듣고 싶게 말해야 교육입니다.
먼저 아이의 행동을 묘사하고,
아이의 의도를 읽어 준 다음,
행동을 분명히 제한해 주세요.
그런 다음 대안을 제시하고
마지막으로 격려해 주는 겁니다.
한번 해 볼까요? 꼭 순서대로 할 필요는 없어요.
다만 이런 요소가 모두 들어 있으면 됩니다.

"아야, 엄마 머리 잡아당기면 안 돼.
그러면 엄마가 아프고 화도 나.
엄마랑 가깝게 있고 싶어서 그렇게 한 거야?
그러면 기분 좋아지니까?
그런데 기분이 좋아지고 싶으면 엄마 손을 잡아 줘.
그래, 그렇게. 아유, 우리 아이 잘한다."

🐦

'공감 육아'를 부드러운 말투로 감정을 읽어 주는 말을
아이에게 많이 하는 것이라 생각합니다.
그러나 말투나 표정은 그저 작은 부분일 뿐이에요.
부모인 자신이나 아이나 부족하고,
한계가 많은 존재임을 인정하는 마음이 공감입니다.
그런 둘이서 이해하고 격려하며
함께 성숙해 가려는 태도가 '공감 육아'입니다.

🐦

아이들은 뭐든 자기 입장에서 생각합니다.
그래서 어떤 것이 자기에게 유리한지 말해 줄 때
더 잘 알아듣습니다.
어른의 입장에서 잘못을 지적하면
'엄마가 나를 야단치는구나.' 하고 생각할 뿐
입장을 바꾸어 자기 문제로 느끼지 못합니다.
아이 입장에서 그 행동이 왜 안 좋은지,
그렇게 행동하면 왜 불리한지 말해 주세요.

"같이 놀고 싶어서 그런 건데 어쩌지?
그러면 친구들이 더 안 좋아하는데……."

아이를 위하는 마음에 걱정을 잔뜩 담아 이야기합니다.
부모 마음이야 그 순간 엄청 진지하겠죠.
하지만 좋은 이야기도 찡그리고 말하면 듣기 싫지 않나요?
특히 아이들은 아직 약하기에
자기보다 강한 어른이 심각해하면 숨 쉬기도 답답해하죠.
그래서 고개를 숙이고 피하는 건데 그러면 또 야단칩니다.

아이가 클수록, 가볍게 유머를 담아
한 번에 해결하려는 욕심 부리지 말고 이야기하세요.
그냥 그렇게 근처에 있어 주세요.
좋은 사람이 근처에 오래 있다면
당연히 아이에게 좋은 영향을 줄 수 있으니까요.
아무리 좋은 사람이라도 아이가 피하면
아이에겐 아무것도 줄 수 없어요.

두 얼굴을 가진 사람은 별로지요.
하지만 두 얼굴의 부모는 좋습니다.
오늘 아이에게 찡그리고 화냈더라도
내일 아침엔 밝게 웃어 주세요.
계속 인상 쓰는 것보다 훨씬 낫습니다.
야단칠 때는 치더라도,
조금 후엔 또 웃고 장난치며 함께 노세요.
사실 아이야말로 진짜 두 얼굴입니다.
야단맞고도 조금 뒤엔 해맑게 웃어 주지요.

🍄 교육과 간섭의 차이

아이에게 옳고 그른 것을 말해 주세요.
하지만 열 살이 넘었다면 행동까지 지시하지는 마세요.
"좋은 친구란 언제나 한결같은 친구야."라고 말하는 것은 좋습니다.
여기에 "○○는 좋은 친구가 아니니까 놀지 마."라고
덧붙이지 마세요.
판단을 아이에게 맡기는 교육이 더 낫습니다.

부모가 판단하고 행동 지침까지 내려 주면
아이는 두 가지로 반응합니다.
판단을 모두 부모에게 맡기거나,
부모의 판단을 듣지 않으려 대화를 피합니다.
어떤 경우도 좋지 않지요.
"마지막 판단은 아이에게."
아이가 클수록 꼭 기억해 둘 말입니다.

"전 아이에게 가르치려고 한 건데 애는 간섭한다고 받아들여요."
교육과 간섭의 구별, 어려울까요?
그렇지 않습니다.
아이에게 말하는 순간, 자신의 얼굴과 목소리를 기억해 보세요.
말하는 부모의 표정이
부정적인 감정에 싸여 있다면 간섭이고
그 반대로 긍정적인 감정이 중심이라면 교육입니다.

아이의 이야기에 반응하기 전에 먼저 생각해 봅니다.
아이는 이야기하면서 교육받기를 원했을까요?
아니면 위안받기를 원했을까요?
아이가 진실을 알고 싶어 할 때는 진실을 말해 주세요.
아이가 자기편이 되어 주기를 원할 때는
그저 아이 편이 되어 주세요.
교육은 물론 중요합니다.
하지만 더 중요한 것은 타이밍입니다.
아이가 배우기를 원할 때, 아이가 배울 수 있을 때
그때를 기다려야 더 잘 가르칠 수 있습니다.

🐦

"이게 정답인데 왜 못 받아들이나 모르겠어요."
원래 정답이 듣기 싫은 법입니다.
정답이니 빼도 박도 못하잖아요.
부인하기가 더 힘들잖아요.
그래서 더 따뜻하게 말해야 합니다.
받아들이기 힘든데 받아들여야 하니
정답을 말할 때 더 조심해야 합니다.

🐦

옳고 그름의 문제로 접근하는 것은
아이가 아주 어릴 때만 효과가 있습니다.
아이와 내 생각이 같은 방향을 향하지 않을 때
옳고 그름으로 접근하면
아이는 대개 거부감을 갖기 마련입니다.
내 생각에 동의한다 해도 마음은 닫히기 쉽죠.
그러면 변화는 분명 더 어려워집니다.

🐦

강하게 말하는 것이 효과적일까요?
"너 계속 공부 안 하면 아주 내쫓아 버릴 거야."
정말 내쫓기야 하겠습니까? 공부 열심히 하란 말이죠.
하지만 이런 말을 듣는 아이의 마음은 불안하고 화가 납니다.
'우리 엄마에겐 나보다 공부가 중요하구나.
공부 못하면 필요 없다는 거구나.' 하고 생각하게 됩니다.
그래서 아이는 대들거나 속으로 욕을 합니다.
엄마의 말꼬리를 잡고 늘어집니다.
나쁜 기분을 달래려고 자기가 할 일에서 도망가기도 하죠.
결국 해야 할 일은 더 하지 못합니다.
강하게 밀어붙여 보려다 상황만 더 나쁘게 만든 셈이죠.
혹 떼려다가 혹 하나 더 붙인 셈입니다.
원래 욕심이란 게 결과가 그렇습니다.

🐦

아이에게 해야 할 기본적인 교육을
아이의 뜻에 맡기는 경우를 가끔 봅니다.
그러나 운전 기술과 규칙을 가르치지 않고 차를 몰게 할 수는 없죠.
목적지야 운전자가 결정할 몫이지만
자동차 열쇠를 주기 전에
운전 기술과 교통 규칙은 반드시 가르쳐야 합니다.

🍄 설득의 기술

상대방을 잘 알수록 효과적으로 설득할 수 있습니다.
또 나를 돕는 사람에게 우리는 쉽게 설득당하죠.
그런데 부모들은 아이들이 좋아하는 게임, 책, 놀이에 관심이 없어요.
아이들이 더 잘 놀도록 돕는 데는 관심이 없고,
아이들이 말을 안 듣는 데만 관심이 있어요.
그래서야 어떻게 아이들을 설득할 수 있겠습니까?
아이의 놀이, 아이들의 문화를 잘 알아야 합니다.
아이가 즐겁게 놀 수 있도록 도와줘야 합니다.

부모가 자신에게 흥미 있는 이야기를
아이로부터 들으려 애쓰지 마세요.
아이에게 흥미 있는 이야기를
부모가 먼저 하려고 해야 합니다.
아이는 부모가 자기편이라 생각하면
어떤 이야기도 할 마음이 생깁니다.
따라서 부모가 할 일은
우리가 같은 흥미를 가진, 같은 편임을 알려 주는 것이죠.

PNP 대화법이 있어요. 긍정-부정-긍정으로 이어지는 대화지요.

1. "괜찮아? 힘들었겠다. 오죽하면 그랬겠니."(긍정 Positive)
2. "그런데 남들이 볼 때 네 행동은 위험해 보일 거 같아."
   (부정 Negative)
3. "이제 너도 알았으니 앞으로는 잘 해낼 거라고 믿어."
   (긍정 Positive)

상대의 마음을 열고, 적절한 조언을 한 다음,
미래를 향해 행동을 격려하는 대화 방식이 PNP 대화법입니다.

형제 간에 의견이 달라 다툼이 있을 때는
아이들이 타협하는 법을 배울 수 있도록 게임처럼 연습해 보세요.

먼저 형부터 자신이 가진 원래 생각에서
동생에게 조금 더 양보한 의견을 내도록 합니다.
만약 동생이 그 의견에 만족하면 거기서 결론이 납니다.
동생이 형의 양보안에 만족하지 못하면
이번에는 동생이 형에게 조금 더 양보하는 의견을 내도록 하죠.
거기에 형이 만족하지 못하면 다시 형이, 그다음엔 동생이,
이렇게 번갈아 가며 조금씩 더 양보하는 의견을 냅니다.
그러다 누군가가 더 이상 양보하는 의견을 내지 못하면
그때까지 나온 상대편의 마지막 의견이 결론이 됩니다.

어린아이들은 부모와 의견이 다르면
위축되어 말을 못하거나, 떼를 쓰며 자기주장을 폅니다.
이때 부모가 반대하면 공격적인 반응을 보이기 쉽죠.
그런데 부모도 비슷합니다.
아이가 공격을 하면 바로 받아치지요.
"쪼그만 게 어디서!"가 주된 메뉴예요.

아이가 공격적으로 이야기할 때는 당황하지 말고
그럴 필요 없다고, 네 의견을 열심히 들을 거라고,
차분히 말해 보라고 격려하며 유도하세요.
수첩을 갖고 와서 아이의 말을 적어 가며 들어 보세요.
처음에는 늘 흥분하던 아이들도 오래지 않아
공격이 아닌 대화를 하려 합니다.
인생에서 중요한 기술을 배우게 됩니다.

아이들에게 잔소리할 때 재미난 기술 하나.
동화『톰 소여의 모험』을 보면
톰이 벌로 하게 된 페인트칠을 놀이처럼 꾸미자
아이들이 장난감을 주면서까지 나서서 하려고 하지요.
이처럼 아이들은 하기 싫어하는 일도
놀이나 게임으로 만들면 즐겁게 합니다.

아이가 이를 닦기 싫어한다면
양치질로 거품을 만들어 아이에게 보여 주며
'거품 많이 내기 놀이'를 하자고 해 보세요.
거품을 입 밖으로 내뿜으며 재밌게 하면 아이도 따라 합니다.
장난감을 정리할 때는 머리에 괴물 뿔을 달고
'장난감 잡아먹는 괴물 놀이'를 해 보세요.
아이가 자기도 하겠다며 스스로 즐겁게 장난감을 정리할 수 있죠.
유치원에 다니는 아이들은 경쟁심이 유난해서
그런 심리를 이용하는 것도 좋아요.
장난감을 정리하지 않던 녀석들도
누가 빨리 하나 내기해 보자고 하면 번개처럼 움직이죠.
옷 입을 때 딴짓하던 녀석도
몇 분 안에 옷 입나 시간을 재겠다고 하면
좀 더 집중해서 움직입니다.

설득하는 일은 무척 피곤한 일이죠.
내가 하고 싶은 말을 그냥 하는 것은 쉽습니다.
하지만 상대를 움직이고 변화시키려면 설득을 해야 합니다.
한 번도 설득을 해 보지 않고 살아온 사람도 많습니다.
상대가 자기주장을 받아들였으면 설득했다고 생각하지요.
힘이 약해서 혹은 귀찮아서 상대가 포기한 것인데도
상대를 설득하고 움직였다 생각하지요.
그러다 아이를 낳고 키우면서 처음으로 벽에 부딪힙니다.
하지만 결국 늘 해 오던 대로,
설득이 아니라 일방적인 주장과 위협으로
아이를 키우는 부모가 됩니다.

설득은 다른 생각을 가진 상대를 내 생각 쪽으로 이끄는 일입니다.
그러려면 우선 상대가 지금 어떻게 생각하는지 정확히 알아야 합니다.
아이의 인식 수준을 알고, 그 수준을 높여
내가 기대하는 방향으로 이끌려면
어떤 단계를 밟아야 하는지 알아야 합니다.
단번에 갈 수는 없다는 것을 받아들이고
머릿속에 큰 그림을 그려 둔 후
조금씩 진행하는 과정이 설득입니다.

🍄 육아는 부부의 연합 작전

🐦
아이가 어릴 때는 부모의 몸이 고단할 수밖에 없습니다.
그러지 않고 아이를 키울 방법은 없습니다.
괜히 고민해야 마음까지 더 힘들어질 뿐.
그때는 몸이 힘든 걸 받아들여야 합니다.
좋은 것 먹고, 최대한 자고, 동선을 최소화하세요.
그리고 무엇보다 부부 간의 연합 작전이 중요합니다.

🐦
부부가 다른 의견을 가진 것은 아무 문제가 되지 않아요.
의견의 다양성은 아이의 생각이 펼쳐 나갈 수 있는 장을 마련합니다.
문제는 부모가 자신과 다른 의견을 가진 상대를 공격할 때이죠.
다양성을 대하는 부모의 태도는
아이가 타인과 관계를 맺는 방식의 기초가 됩니다.
다만 아이의 문제 행동에 대해서는 부부 간의 대화가 우선입니다.
되도록 아이 앞에서는 의견 차이를 노출하지 마세요.
아이는 놀라울 정도로 그 틈을 파고들며 문제를 유지합니다.
그러면 부부 사이는 더 벌어지고 아이의 문제도 더 오래 지속됩니다.

엄마들이 느끼는 육아 부담,
그 절반은 마음에서 옵니다.
'아이가 과연 잘 자랄 수 있을까?' 하는 불안감,
'혼자 낳은 아이도 아닌데 나만 왜?' 하는 억울함.
아이를 돌보며 드는 현실적인 수고만큼
마음의 짐이 엄마들을 지치게 하죠.
세상사 부담이 다 그렇습니다.

그래서 아빠들의 육아 참여가 중요합니다.
함께할 때 불안은 줄어듭니다. 억울함도 사라지지요.
마음의 부담이 사라지면 현실적인 부담만 남습니다.
부담은 이미 반이 된 셈입니다.
그런데 그것까지 둘이 나눠 하면 엄마 부담은 사분의 일이 되죠.
그쯤 되어야 웃는 엄마가 가능합니다.

남편들도 힘들고 바쁘지요.
혼자 돈을 버는 경우 바깥일에 지칠 수도 있어요.
그래도 아내가 뭔가 부탁하면
가능한 들어주고 싶다는 태도를 보이세요.
사정상 충분히 못 도와줄 때는
미안하고, 고맙다고 표현하세요.

가끔 미안한 마음 때문에 더 도망가는 분도 있어요.
그건 좋지 않아요. 꼭 말로 마음을 전하세요.

그리고 아내들도 가급적이면 푸념 식의 요구보다는
도와줄 일을 구체적으로 정해서 시키세요.
남자란 존재를 너무 믿으면 실망합니다.
대부분의 남자는 익숙하지 않은 아이 키우기를
스스로 알아서 할 정도는 안 되니까요.

🍄 예의는 성숙의 결과입니다

🐦

여섯 살 꼬마에게 예의를 가르친다고 윽박지릅니다.
이 아이에게 예의는 두려움이 됩니다.
아이의 좋지 않은 행동을 그저 두고 보라는 것은 아닙니다.
좋은 행동이 무언지 알려 주지 말라는 것도 아닙니다.
하지만 사랑과 배려를 실천하기란 어른도 어렵지 않은가요?

아이에게 맞춰서 찬찬히 가르치는 것이 예의입니다.
예의를 가르치는 방식이 예의에 어긋난다면
아이는 예의를 그저 딱딱한 규칙으로만 생각할 것입니다.
그러면 마음에서 우러나오는 예의를 기대하기란 어렵습니다.

🐦

타인의 입장에서 생각하는 능력.
인간관계를 풀어 가는 기본 기술이죠.
사람을 움직이고 갈등을 해결하는 힘이 됩니다.
이것은 책으로는 배울 수 없어요.
부모와 주고받는 꾸준한 대화만이 이 능력을 만듭니다.

양보를 배운다는 것은
아이의 성장 과정에서 꼭 필요한 부분입니다.
자기 의견이 옳지만 상대의 감정을 생각하는 것,
서로의 관계를 위해서는 양보도 할 수 있다는 것,
이런 생각을 아직 어린 아이가 하기는 쉽지 않죠.
그래서 부모가 양보가 무엇인지 보여 줘야 합니다.
아이와의 대화 속에서 먼저 실천해야 합니다.
다만 '양보'라는 말을 꼭 덧붙여 알려 주세요.

"그래. 너한테 이것이 그렇게 중요하다면
이번엔 네가 원하는 대로 하도록 하자.
네게 중요한 것을 위해 엄마가 양보할게."

왜 아이들이 말을 공손히 해야 할까요?
아이들이 함부로 말하면 왜 크게 걱정할까요?
어른들의 말도 거칠고 배려가 부족한 경우가 많아요.
아이는 감정을 조절하는 힘도 약하고,
세련되게 말할 수 있을 정도로 성숙하지도 않습니다.
그런데도 잘못은 아이에게만 묻지요.
이상하지 않습니까?

어른이 감정 조절 못하고 아이에게 함부로 하면
'애 키우다 보면 힘들 때도 있지.' 하고 이해합니다.
그런데 아이가 감정 조절 못하고 부모에게 함부로 하면
'벌써부터 이러면 나중에 어쩌려고.' 하고 비난합니다.
똑같이 감정 조절 못한 것인데
어른한테는 인간적인 모습이라 하고
아이한테는 도리에 어긋난 행동이라고 하죠.
아무리 생각해도 앞뒤가 바뀐 듯싶어요.

아이들에게 옳고 그름을 가르쳐야죠.
그런데 그 전에 반드시 준비가 필요합니다.
배려와 존중을 경험해야 도덕과 정의를 제대로 배웁니다.
옳고 그름을 가르치는 건
아이가 다른 사람들과 함께 어울려 살기 위해서죠.
그렇지 않다면 규칙은 사람을 베는 칼이 될 뿐입니다.
그래서 어릴 때의 도덕 교육은 배려와 존중이 기본입니다.

예의란 성숙의 결과일 뿐,
예의를 가르친다고 성숙해지진 않아요.
자기 감정을 이기지 못하는 아이,
스스로를 지나치게 부끄러워하는 아이는 예의 없어 보일 수 있어요.
함부로 행동하거나 인사도 못 하고 뒤로 숨지요.
이런 모습은 아이가 아직 성숙하지 못했다는 증거입니다.
공감하며 도와줘야 성숙이 이뤄집니다.

예의는 타인에 대한 자연스러운 존중입니다.
호통치며 가르치고, 겁을 내며 배워야 할 덕목은 아닙니다.

🍄 아이의 질문에 어떻게 대응할까요?

아이가 여섯 살이 넘어가면 묻곤 합니다.
"아빠, 죽은 다음엔 뭐가 있어요?"
아이가 죽음에 대해 물으면 부모들은 대개 당황합니다.
나쁜 생각이라도 하나 싶어 걱정되고, 제대로 대답하기도 어렵죠.
하지만 그런 질문은 커 가면서 누구나 갖는 생각입니다.

그저 담담하게 말해 주세요.
종교적 신념이 있는 분은 쉬울 거고요.
종교가 없는 분들은 이렇게 말하면 좋습니다.

"오천 년도 넘게 사람들은 너처럼 그걸 궁금해했어.
그런데 답은 모른단다.
죽은 뒤에 그것을 알려 주는 사람은 없었으니까.
다만 사람들은 크게 두 가지로 생각을 해.
한쪽에선 죽은 다음에 아무것도 안 남는다고 하고,
다른 한쪽에선 어떤 식으로든 다시 태어난다고 하지."

솔직하게 사람들의 생각을 말해 주는 것은
아이에게 부모는 죽음을 크게 두려워하지 않는다는 걸 보여 주어
아이의 두려움을 줄이는 데 중요한 역할을 합니다.
그리고 또 해 줄 말이 있어요.

"그런데 꼭 기억할 건 누군가 죽으면 남는 게 있다는 거야.
그건 추억이야. 살아 있는 사람들은 그 사람과 지냈던
즐거운 시간을 기억하고 그리워한단다.
우리도 그런 추억을 잘 남기자. 참, 그리고 한 가지 더.
네가 죽음에 대해 생각해도 누가 잘못되지는 않는단다."

죽음을 생각하는 두려움을 달래 주고,
지금의 현실을 더 잘 즐기도록 하는 것이
부모가 해 줄 말의 가장 중요한 부분입니다.

아이의 많은 질문에 모두 답해 주기란 쉽지 않습니다.
대개의 부모는 아이들의 질문을 귀찮아하거나 무관심해하죠.
그러면 아이들은 머지않아 질문하기를 멈춥니다.
상처받고 싶지 않아서죠.
그리고 질문이 떠올라도 상처받을까 두려워
아예 생각하기를 멈춥니다.
호기심을 끊어 냅니다.
이제 답답해지는 쪽은 부모입니다.

아이들의 끊임없는 질문에 답하는 것은 분명 귀찮습니다.
하지만 그럴 때는 차라리 아이를 인정하고,
자기를 낮추세요.
그래야 아이가 호기심을 놓지 않습니다.

"너는 정말 호기심 대장이구나.
엄마가 아는 것보다 더 많이 물어봐 힘들 지경이야.
나중에 네가 그 질문의 답을 알게 되면 엄마에게 가르쳐 줘."

🍄 아이와 놀아 주는 게 어려운가요?

🐦

아이와의 놀이는 스포츠 댄스를 떠올리면 좋아요.
상대의 스텝, 손의 움직임, 표정에 관심을 갖고 맞춰 주는 것.
더 나아가 눈빛과 마음을 맞추며 즐기는 것이죠.
그러다 보면 춤 한판에도 깊은 정이 쌓일 수 있다고 해요.

놀이도 그 순간의 아이에 맞춰 움직이는 겁니다.
아이가 즐거우면 같이 즐겁게,
뭔가에 집중하면 같이 집중하고,
심드렁해하면 같이 심드렁해지세요.
아무것도 하지 않고 뒹굴 때는 조급해하지 말고 같이 뒹구세요.
그러다 뭘 갖고 와서 하자고 하면 같이 하는 겁니다.
자주 아이 눈을 보세요.
그리고 눈빛이 마주치면 살짝 웃어 주세요.

아이들은 잡기 놀이를 좋아합니다.
상대의 추격을 피해 도망갈 수 있다는 것은
자기가 가진 힘과 능력의 증거가 되죠.
유능하다는 느낌을 가질 수 있어
아이들은 잡기 놀이를 즐깁니다.
부모가 함께 해 주는 것도 무척 좋아요.
잡을 듯 놓치고 잡을 듯 놓치면 아이들은 까르르 웃지요.
그 순간이 아이에게 행복이고, 자존감이 자라는 순간입니다.

아이와 씨름 놀이 할 때
꼭 이기려는 아빠들을 종종 만납니다.
왜 아이와 놀아 주는지 모르거나,
여전히 동심의 세계에 있어서 그렇겠죠.
이길 듯 힘을 주며 버티다가
아이가 힘이 빠지면 져 주어야,
아이는 기분 좋은 마음으로 더 강해지려고 힘을 냅니다.
아이가 부모를 이긴다고 정말 부모보다 강하다고 생각할까요?
그것은 아이를 너무 무시하는 생각입니다.

아이랑 놀아 주기로 결심했어요.
한 시간 놀았는데 아이가 더 놀자고 졸라요.
다른 일 해야 한다니 울기 시작해요. 난감하지요?
그럴 때는 우는 아이의 머리를 쓰다듬으며
"우리 모레 아홉 시에 또 노는 거 맞지?
그때도 재밌게 놀자. 아빠 완전 기대돼." 하고 말해 주세요.
그리고 자리를 뜨세요.

아이와 노는 것이 지루하다는 부모를 만나 보면
마음 한구석에 자리 잡은, 아이에 대한 질투를 보게 됩니다.
어린 시절 자신과 놀아 주지 않은 부모를 생각하며,
자신은 그런 부모가 되지 않으려고 애를 쓰지만
그럴수록 자기 마음속 아이는 질투를 합니다.
'왜 너만 이 대접을 받아!' 하고 불평하지요.
그 감정을 누르느라 제대로 못 놀고 지루해합니다.
지금이라도 내 놀이를 즐기고 싶어져
아이의 놀이에 관심이 가지 않습니다.

요즘 아빠들이 부드러워졌다지만
여전히 아이들과 놀기 어려워합니다.
인기 있는 예능 프로그램인 「아빠! 어디 가?」를 보면
아빠들이 밥을 해 주고 아이도 씻기지만
함께 즐겁게 노는 모습을 보기란 어렵습니다.

아빠들이 아이들과 못 노는 가장 큰 이유는
아빠에게 주어진 역할 모델 때문입니다.
아빠란 의젓하고, 권위가 있고, 강한 남자여야 하죠.
항상 든든하고, 아이를 책임지는 사람이고요.
그런 가면을 쓰고 있어야 하니
온몸에 힘이 잔뜩 들어가 아이와 놀기 어렵습니다.
가면이 버거워 도망가고만 싶어지니
아이와의 시간이 금방 지루해지기 쉽습니다.

주말이면 아이들과 여행을 하는 부모들이 많습니다.
저는 여행을 자주 갈 필요는 없다고 생각해요.
오고 가는 데 지쳐 버리면 제대로 놀 수 없고
가까운 곳에도 즐길 곳은 얼마든지 있으니까요.
제 어린 날의 즐거움도 동네 뒷산에서 다 채웠지요.

장소보다는 함께 논다는 것,
그리고 놀이의 내용이 중요합니다.
어디 좋은 곳에 데려간다고 아이와 논 것은 아닙니다.
직접 주고받고 놀아야만 아이와 논 것입니다.

얼마나 아이와 놀아야 하나 고민하는 부모들도 많아요.
아이가 스스로 놀 수 있을 만큼 컸다면
주말에 두어 시간 정도 놀아 줘도 **충분합니다**.
더 놀아 주려면 부담스러워 부모 자신이 즐겁지 않습니다.
부모가 즐겁지 않으면 같이 놀아도 아이는 만족하지 못합니다.

🍄 아이들의 오락 기구, 어디까지 허용해야 할까요?

아이가 지나치게 어떤 일에 빠지면 어느 정도 제한이 필요합니다.
그때 가장 효과적인 방법은 그 행동을 도와주는 것이죠.
요요에 너무 빠져 있다면 요요 고수들의 동영상을 구해서 보여 주세요.
"네가 좋아하는 일을 더 잘하려 하는 모습이 보기 좋아."라고
말하면서 자신을 절제하는 능력도 함께 필요함을 알려 주세요.

컴퓨터 게임도 마찬가지죠. 아이와 게임에 대해 같이 이야기도 하고,
더 재밌게 하는 방법도 찾아 주고, 부모 앞에서 한번 해 보라고
권유도 하세요. 그렇게 제한할 때 아이도 제한을 잘 받아들입니다.
무조건 하지 말라고 하면 엇나가거나, 부모 눈을 피해 몰래 할 뿐이죠.

아이가 더 빠져들까 봐, 안 좋은 버릇이 들까 봐
부모들은 아예 싹을 자르려고 합니다.
그러면 '금단의 사과'가 더 맛있는 것처럼 아이는 더 빠져들거나,
반대로 세상 어떤 일도 심드렁하게 느끼게 됩니다. 꼭 기억하세요.
몰입은 나쁠 것이 없습니다. 오히려 격려할 일이죠.

게임 시간을 조절하지 못하는 아이,
마음 같아서는 컴퓨터를 없애 버리고 싶죠.
"이제 영원히 게임 금지!" 하고 아이에게 호통치고 싶죠.
하지만 그런다고 아이가 배울 수 있는 것은 없습니다.
게임하고 싶은 욕구는 커지고,
힘으로 금지하는 부모는 원망스러울 뿐.

게임 시간을 스스로 조절하지 못하면 아이와 약속을 하세요.
정해진 시간을 지키지 못하면 이틀 정도 하지 않는 걸로요.
벌은 가혹하면 안 됩니다.
가볍게 벌을 주되 일관되게 유지하세요.
벌을 받은 뒤에도 아이가 또 지키지 못할 수 있어요.
그러면 또 이틀만 금지하세요.
길게 벌을 줄 필요는 없어요.
"잘 조절해서 매일 게임할 수 있게 노력해 보자." 하고 격려하세요.
끝까지 격려하며 가세요.

육아는 잘 조절된 상태를 즐기는 것이 아닙니다.
조절하는 능력을 만들어 주는 과정이 육아입니다.

스마트폰을 언제 사 줘야 할까요?

스마트폰은 기본적으로 들고 다니는 컴퓨터나 다름없죠.

아이가 미디어를 어느 정도
스스로 통제할 능력이 있을 때 사 줘야 합니다.

아이마다 시기는 차이가 나겠지요.

저는 우리 사회가 전반적으로 지나치게 빨리 사 준다고 생각합니다.

제일 불행한 건 아이에게 스마트폰을 사 주고는
많이 한다고 야단치는 것이죠.
물론 아이가 조절력을 키워 가는 과정에서
갈등은 얼마든지 일어날 수 있습니다.
그러나 심하게 몰아치면 곤란해요.
판단을 잘못한 것은 부모인데,
책임은 아이에게 지우는 식입니다.
그러면 부모의 권위가 무너집니다.

제가 초등학생을 둔 부모에게 권하는 방법은
집에 '스마트폰 기지' 만들기예요.
잠잘 때, 식사할 때, 공부할 때, 가족이 함께 집중해서 활동할 때는
부모든 아이든 '스마트폰 기지'에 스마트폰을 둡니다.
각자 편히 쉴 때는 갖고 있을 수 있고요. 어떤가요?

매 순간 스마트 기기를 갖고 있지 않는 것,
우리의 일상이나 소중한 관계가
기계에 매이지 않게 하려는 취지입니다.
사회적으로도 변화가 필요합니다.
왜 보낸 메시지를 즉각 확인해야 할까요?
모두가 자발적으로 자신의 프라이버시를 내주고 있어요.
균형이 분명 필요합니다.

아이들이 텔레비전 보는 것은 얼마나 제한해야 할까요?
아이에게 어떤 프로그램을 보고 싶은지 미리 의견을 듣습니다.
그리고 정해진 방영 시간에만 텔레비전을 켜서 보게 하세요.
아무 때나 텔레비전 켜기,
하염없이 보고 앉아 있기,
리모컨으로 채널 마구 바꾸기.
이 정도만 고쳐도 큰 걱정은 없습니다.

**처벌할 때는 적정한 처벌 수위를 지켜야 합니다.
한 번의 처벌로 문제를 해결하려는 것은 과욕이에요.**

아이가 밤에 몰래 핸드폰 게임을 했어요.
부모는 깜짝 놀라 한 달간 핸드폰을 압수합니다.
아이가 반성할까요? 부모만 원망할 뿐입니다.
지나친 처벌은 반성은 없애고 반발만 낳습니다.
잘못은 대개 반복되고, 세게 야단쳐도 쉽사리 없어지지 않아요.
그래서 처벌의 수위는 앞으로도 여러 번
벌 줄 일이 있음을 예상해 정해야 해요.

이중 처벌은 곤란합니다.
아이에게 벌을 준 뒤, 말로도 심하게 야단치는 부모가 많아요.
좋아하는 게임을 이틀간 못 한다면
그것만으로도 아이는 이미 속상해요.
그때는 격려가 더 나은 교육입니다.

"속상하겠다. 아빠도 네 얼굴 보니 마음이 아프네.
다음엔 이런 일이 없게 잘하리라 믿어."

"아이가 고등학생인데 만화를 보니 너무 어린 것 아닌가요?"
이런 걱정은 만화에 대한 편견 때문에 하는 말이죠.
만화의 수준은 다양하고, 높은 수준의 만화도 얼마든지 많습니다.
하지만 수준이 낮은 것을 보고 있다면 또 어떻습니까?
머리 비우려고 재미로 볼 수도 있으니까요.
엄마들이 즐겨 보는 아침 드라마도 수준은 결코 높지 않지요.
하지만 다 나름의 가치와 필요성이 있는 것이니까요.

어떤 부모들은 이런 걱정을 하기도 합니다.
"만화를 자꾸 보면 그림이 없는 책을 안 읽지 않을까요?"
하지만 만화를 본다고 글이 많은 책을 적게 읽는다는
연구 결과는 없어요.
오히려 읽기 발달에 도움이 된다는 연구는 많지요.
지금 우리나라의 문제는 오히려 만화를 너들 무시히다 보니
적절한 만화를 추천하고 함께 이야기 나눌 사람이 부족한 점이죠.
부모가 그런 사람이 되는 것도 참 괜찮습니다.

🍄 엄한 것과 엄격한 것은 달라요

🐦

아이들에게 제한을 설정하는 것은,
선을 그어 두고 거기서 조금만 벗어나면
규제를 하는 것이 아닙니다.
아이들은 늘 제한을 시험합니다.
그 제한선을 조금 넘나들더라도
크게 벗어나지 않으면 끌고 가는 것입니다.
제한선이 경계가 아니라
제한선의 몇 걸음 밖이 진짜 경계인 셈이죠.
과도한 제한이나 작은 위반에 대한 단호함은
육아에 어울리지 않습니다.

🐦

옳다고 생각해도 상대에게 요구할 때는 한계가 있는 겁니다.
옳은 일, 자식에게 도움이 되는 일도 무조건 밀어붙일 수 없습니다.
내가 아이를 존중하지 않으면
아이도 곧 내 의견을 존중하지 않을 겁니다.
결국 잠시 이겨도 지는 선택일 수 있습니다.

아이에게 엄격한 것과 엄한 것은 다른 거예요.
엄격한 규칙을 엄하지 않게 적용할 수 있어요.
거꾸로 엄격하지도 않으면서 늘 엄한 부모도 있죠.
기본적으로 엄격함은 자기를 향하는 태도예요.
반대로 엄한 것은 타인에게 향하는 태도지요.

아이에게 엄격하게 대하고 싶다면
부모 먼저 스스로에게 엄격해야 합니다.
엄격함의 요체는 감정의 통제입니다.
분노와 두려움을 이기고, 자기 욕망을 다스려서
아이에게 잔소리가 아니라 교육을 해야 합니다.
그러기 위해선 꾸준한 마음 수행이 필요하지요.
아이에게 무섭게 대하는 게 엄격한 교육은 아닙니다.

자신에게 엄격한 만큼만 아이에게 엄격하세요.
자신에게 허용하는 만큼은 아이에게도 허용하세요.
아이니까 조금은 더 봐줘야겠죠?
자기에게 기대하는 것 이상을 아이에게 기대하지 않는 것,
좋은 부모 이전에 괜찮은 인간이 되기 위한 최소한의 조건입니다.

교육에서 권위는 필요합니다.
그렇기에 윗사람이라도 잘못은 잘못이라 인정해야 합니다.
그래야 애매한 상황, 혼란 속에 결정이 필요한 상황,
진짜 권위가 필요한 상황에서 권위가 힘을 발휘합니다.
권위를 지키려 잘못을 인정하지 않으면 결국 권위가 망가집니다.

부모에게는 권위가 필요합니다.
권위를 유지하기 위해선
아이의 사소한 문제에 개입하지 말아야 해요.
큰 틀에서 잘해 나가면 아이를 믿고 봐야 합니다.
사소한 것에 개입하는 순간
부모에게 꼭 필요한 권위는 날아갑니다.

결국은 아이가 자기 삶의 주인이에요.
부모는 그저 도울 뿐입니다.
이 사실을 잊고 아이와 함께 무너지는 부모가
적지 않습니다.

아이가 규칙을 어겼다고 놀랄 필요 없습니다.
**아이에겐 규칙을 어기는 것이 일이고
부모는 다시 규칙을 세우는 것이 일입니다.**
실망할 필요 없습니다.
담담히 규칙을 세우고 또 세우세요.
그런 부모를 통해 아이는 어느 순간
규칙이 자신에게 도움이 됨을 느낍니다.
그리고 규칙을 지키기 위해서는
마음을 다스리고 참는 자세가 필요함을 배웁니다.

하루에 세 끼를 먹고 일정한 시간에 자고 일어나는 것.
아이들은 당연한 일도 왜 그래야 하느냐고 따지기 일쑤죠.
그런 질문에 굳이 논리적인 답을 하지 않아도 됩니다.
그저 "아직 어린 네 몸에 규칙적인 리듬을 만들어 주는 것이
아빠에게 주어진 의무야."라고 간단히 답하세요.

어떤 아이들은 압박을 하면 분명 성취도를 높입니다.
엄한 스승을 만나 도움을 받은 아이가 분명 있죠.
반면 훨씬 더 많은 아이들은 압박을 견디지 못해 포기합니다.
왜 이런 차이가 나는 걸까요?
또 어느 정도의 압박이 가장 효과적일까요?

연구 결과를 보면
압박은 장기적인 효과가 적은 반면,
관심은 효과가 큽니다.
그래서 압박보다 더 중요한 것은 관심입니다.
아이를 압박하거나 다그치기 전에
아이를 잘 알아야 합니다.
아이를 잘 안다면 압박하는 정도를 조절할 수 있죠.
아이의 반응을 보면서
'더는 압박하지 말아야겠구나.' 하는 감을 잡는 것이 중요합니다.

내 마음속의 목표나 비교 대상에 집착하지 않고,
아이가 지금 보이는 반응에 맞추어
융통성 있게 대처해야 합니다.

우리 아이에게 압박이 도움이 될지, 안 될지는
초등학생 때 일 년 정도 시험해 보면 알 수 있죠.
그런데 같은 아이라도 분야에 따라
압박을 견뎌 내는 능력은 차이가 나요.
운동은 압박을 잘 견뎌 내지만,
공부는 못 견딜 수도 있죠.
너무 스트레스 받지 않게 한 분야씩 압박을 하면서
아이의 견디는 힘을 파악해 보세요.
그렇게 감을 잡으면
아이가 청소년이 되었을 때 많은 도움이 됩니다.

가끔 아이를 믿는 것과 내버려 두는 것을 혼동하는 경우를 봅니다.
차가 쌩쌩 다니는 길가에서 아이가 공놀이를 하게 두면 어찌 될까요?
차도로 공이 나간다면 사고가 날 가능성이 매우 높겠지요.
아이를 믿기 위해선 아이를 깊게 이해하고 있어야 합니다.
아이에게 모든 권한을 넘기고 뒤로 물러나는 것과는 다릅니다.

아이를 믿는다는 것은 뭐든 해도 괜찮다는 것은 아닙니다.
씨앗을 기름진 밭에 뿌린 다음 자라길 믿어야지,
가시덤불에 던지고 자라길 믿는다면
제대로 된 농부라고 할 수 없을 겁니다.

'내버려 두기'가 게으름의 변명이 되어서는 곤란합니다.
내버려 두려면 부모는 아이를 섬세하게 관찰해
아이를 잘 알아야 합니다.
그래야 아이에게 지금 주어진 상황이 위험한지 판단할 수 있습니다.
또한 얼른 개입해서 도와주고 싶은 욕구를 참을 수 있어야 합니다.
그리고 아이가 스스로 배울 수 있도록
적절한 환경을 제공해야 합니다.
이것은 사실 더 많은 개입이고, 더 높은 수준의 육아 기술입니다.
잘 해내기 위해서는 꾸준한 노력이 필요합니다.

🍄 체벌로 아이를 바꿀 수 있을까요?

🐦

아이를 교육할 때는 아이를 공격하려는 마음을 지워야 합니다.
공격성은 의식하지 못하는 새 튀어나옵니다.
내 말을 어서 들었으면 하는 마음,
알고 보면 상대를 누르고 싶은 마음이죠.
하지만 공격하면 상대는 굴복하거나 저항할 뿐
스스로 깨닫지는 못합니다.

🐦

체벌은 결국 효율성의 문제입니다.
짧은 시간에, 힘을 덜 들이며 굴복시킬 수 있기에
체벌은 가치가 있습니다.
결국 한 사회가 사람값을 얼마나 쳐주는가에 따라
체벌에 대한 시각이 정해집니다.
사람값이 높아 효율성이 덜 중요하다면
더 나은 방법은 얼마든지 있습니다.

**우리 사회에 부족한 것은 매와 처벌이 아닙니다.
분노를 조절하고 진지하게 타협하는 기술이 부족합니다.**
아직 제대로 자리 잡지 못한 머릿속 민주주의가 문제입니다.
여름이 오면 여름옷을 준비해야죠.
지난겨울을 그리워하며 그때가 좋았지 해 봐야
흐르는 땀은 멈추지 않습니다.

지금의 부모 세대 역시 화를 참고 타협하는 것을 잘 못합니다.
다 어릴 때 배우지 못해서예요.
인간의 존엄성, 다원주의, 대화와 타협은
시험 칠 때 개념으로만 외웠을 뿐
어떻게 실천하는지 배울 기회는 없었습니다.
그래서 지금 힘들어요.
이제 우리 아이들에겐 가르쳐야 합니다.
그래야 아이들은 제대로 자라고
우리 사회도 더 나은 방향으로 나아갈 것입니다.

2005년 한 매체에 '사랑의 매'에 대해 칼럼을 쓴 적이 있어요.
아이와 미리 매의 조건과 방법에 대해 합의하고,
감정을 배제하고 정해진 규칙대로
체벌을 하는 것에 대해 이야기했지요.
그런데 제 자신이 아이를 키우면서
그것이 얼마나 어려운지 알게 되었어요.

감정을 배제하고 절차를 지키면서
체벌하는 것은 정말 쉽지 않았습니다.
저 역시 불완전한 존재니까요.
게다가 제가 성공적으로 했다고 느껴도
아이는 부정적 정서를 고스란히 떠안게 된다는 것을 알았지요.
그래서 그 정성이면 체벌 없이 갈 방법을
찾는 것이 낫다고 생각하게 되었습니다.

비폭력 대화를 공부하고, 아이의 한계를 인정하고,
마음을 바꾸는 여러 방법을 시도하면서
이런 공부와 궁리가 아이만을 위한 것이 아님을 알게 되었어요.
폭력에 너무나 익숙하고 길들여진
제 자신을 치유하는 일임을 알았지요.
그 뒤 제 칼럼도 달라졌습니다.

🍄 형제 키우기

🐦

형제를 키울 때는 둘 사이에
능력의 기울기가 있기 마련입니다.
참 난감하죠.
원칙은 둘을 비교하지 않고 각자의 개성을 존중하는 거지요.
그런데 부모가 비교하지 않아도
아이들이 스스로 비교를 합니다.
하지만 스스로 비교해 받는 상처는
아이들에게 꼭 해롭지만은 않습니다.
발전의 동력이 되는 경우도 많고
상처를 입으며 자기 개성을 만들어 가죠.

부모가 할 일은 아이의 흔들림에 함께 흔들리지 않고
꾸준한 태도를 유지하는 것입니다.
아이들을 비교하지 않고
독립적인 한 인간으로 각자를 대한다는 것을
일관되게 보여 줄 수 있다면
아이들에게 정말 큰 선물을 주는 것이죠.

아이가 다른 형제와 자신을 공평하게 사랑하지 않는다고 따져 물으면
그냥 인정하는 편이 좋습니다.
똑같이 사랑한다고 말해도 아이는 잘 믿지 않아요.
차라리 각자에 맞춰 사랑하려 노력한다고 말해 주세요.

"네 말이 맞아. 아빠는 너희를 똑같이 사랑하진 않아.
너는 너대로 사랑하고, 형은 형대로 사랑하지.
둘이 다른데 어떻게 똑같이 사랑하겠니?
하지만 늘 아빠는 고민하고 있어.
너에게 맞춰서 널 어떻게 사랑할지,
형에게 맞춰 형을 어떻게 사랑할지."

형제가 다툴 때 잘잘못을 가리지 마세요.
그냥 멈추라고 하세요.
너희들이 싸우면 마음이 아프니 이제 그만하라고 하세요.
아이들이 상대방의 잘못을 말하면
난 경찰도 판사도 아니라고 끊으세요.
아이들은 자기가 기분 나쁜 순간에 매이고
자기가 한 행동은 기억조차 못합니다.
양쪽 다 마찬가지예요. 누구 잘못인지 대개는 알 수가 없어요.

🍄 사춘기 아이를 키운다는 것

청소년들이 싫어하는 부모의 말은 두 가지예요.
첫째는 캐묻는 말,
둘째는 이래라저래라 시키는 말.
둘 다 지나치게 아이의 생활에 개입하는 말,
아이들을 부모 뜻대로 흔들려는 의도에서 나온 말이죠.

이렇게 말하면 부모들이 묻습니다.
"그런 말이 아니면 무슨 말을 하나요?"
누군가 날 사랑한다고 해도
그의 모든 말이 너무나 의도가 분명하다면
얼마나 지루하고 답답할까요?
날 위한다고 말하지만 결국 자기 욕심이 담긴 말을 강요한다면
얼마나 화가 나고 피하고 싶을까요?

아이들과 시시껄렁한 말을 많이 합시다.
의도를 가진 말을 전혀 안 할 수는 없겠지요.
하지만 가끔 해야 효과를 볼 수 있습니다.

사춘기 아이를 키우는 부모님들,
너무도 쉽게 아이를 어린아이 취급합니다.
그러면서도 정작 아이가
어린아이같이 굴면 싫어하고,
어른답게 행동하길 바랍니다.
그래서 아이는 부모를 피하거나
정말 어린아이들이나 벌일 문제를
계속 일으킵니다.

어른스러워 어른 대접하는 것이 아닙니다.
어른처럼 되라고 어른 대접하는 때가
사춘기입니다.
아이를 믿어 주고,
아이 의견을 존중해 주세요.
책임이 주어져야
결국 아이가 어른이 됩니다.

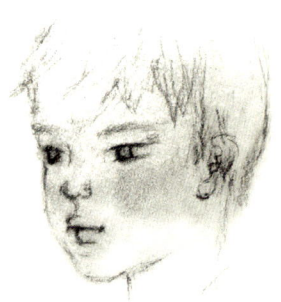

사춘기 아이들은 단순히 거부할 수 있음을 보여 주려고
말을 안 듣기도 합니다.
자기에게 유리한 일도 무의식적으로 하지 않는 쪽을 선택합니다.
그럴 때는 그냥 놔두세요.
부모가 바라는 것이 복종이 아님을 느끼게 해야 합니다.
협조가 복종이 아님을 안 뒤에야 아이들은 따라옵니다.

자기 일을 대신 해 달라고, 어릴 때처럼 해 달라고
조르고 짜증내는 아이에게 이야기합니다.

"네게 그렇게 해 줄 수 없어. 엄마는 널 사랑하고 존중해.
사랑하면 뒤치다꺼리를 해 줄 수 있는 거 아니냐고?
아냐. 넌 어린애가 아니잖아.
네가 충분히 할 수 있는 일을 너 대신 해 주면
널 아가로 사랑하는 거야.
십 대인 아들로 널 존중하는 게 아닌 거야."

야단을 칠 때 어떤 표정이 적당할까요?
미간에 힘을 주고 엄격한 표정으로? 정색을 하고 냉정하게?
가장 좋은 표정은 웃는 표정입니다.
특히 청소년들에게는 웃으며 야단치세요.
어떤 말을 하든지 표정만은 웃으며 긴장을 빼고 말하세요.
아이의 반항 욕구를 슬쩍 피해야 함께 이길 수 있습니다.

부모가 정색하고 야단을 치면
아이는 뒤돌아서 한마디 툭 던집니다.
"짜증 나."
권위가 무너진 부모는 소리칩니다.
"야! 어디서 조그만 게."
그 순간이야 아이를 잡을 수 있겠죠.
하지만 부모 마음은 참담합니다. 아이는 부모가 우습지요.

차라리 웃으며 야단치세요.
긴장은 높이지 않고 할 말은 하는 거죠.
유머를 섞으면 금상첨화입니다.
자주 거울을 보고 연습해 보세요.
오늘 아이에게 화를 내며 한 말을 웃으며 다시 말해 봅니다.
사춘기 아이를 키우는 가장 큰 무기입니다.

"어른들이 네게 화내며 하는 말 중엔 틀린 말이 많아.
하지만 그중에는 분명 맞는 말도 있을 거야.
그 말을 잘 골라 봐.
그러고는 "예, 제가 그렇게 했어야 했네요.
다음부턴 그렇게 하겠습니다."라고 말하는 거야.
그러지 않으면 넌 잔소리를 더 많이 들어야 할 거야."

부모들에겐 좀 아쉬운 말이겠지만
아이가 꼭 배워야 할 기술 중 하나가
어른들의 잔소리에서 현명하게 도망가는 방법이죠.
말하는 윗사람의 기분을 상하게 하지 않고,
그렇다고 틀린 말에 억지로 고개 끄덕이지 않고
그 자리를 피하는 방법은 그야말로 실전 생존법입니다.
그렇게 도망가는 것이 아이에게 좋을지 걱정되겠지만
사실 잔소리란 감정적인 경우가 많아서
오래 듣다 보면 반항심만 생길 뿐입니다.
얼른 피하는 것이 오히려
바람직한 행동을 만드는 데도 도움이 됩니다.

사춘기가 지나면서 아이도 슬슬 삶이 두려워집니다.
압박감도 느끼지요.
부모도 같은 심정입니다.
그래서 아이를 채근합니다.
하지만 이때부터는
채근하기보다 에너지를 줘야 합니다.
살 만하다고, 재미있다고, 이겨 낼 수 있다고,
가끔은 어려운 때도 있는 거라고.
그런 말을 해 줄 사람은
오직 부모밖에 없습니다.

🍄 사랑에도 기술이 필요합니다

🐦

사람은 본성적으로 타인을 더 주목하지 않습니다.
누구나 자기 자신이 너무나 소중하죠.
남을 배려하는 마음은
자기가 편해진 다음에야 들기 마련입니다.
사람들을 상담하고 도와주는 것이 직업인 저 역시
제가 일하는 진료실에서만 겨우 타인에게 집중합니다.

그래서 육아가 어렵습니다.
나보다 아이에게 집중해야 하니까요.
아이를 사랑하기에
부모는 아이에게 집중하는 것이
중요하다는 것을 알게 됩니다.
아이를 사랑하지 않는다면,
아이의 눈높이를 맞춰 주는 것이 중요한지 모른다면
육아가 그리 어렵지 않을 거예요.

본능은 자꾸 내가 편한 길을 가라 하는데
그 본능을 거슬러 남에게 향한다는 것이,
비록 자식에게라도 만만치는 않습니다.
꾸준히 한다는 것은 정말 쉽지 않은 일입니다.
그러니 못해도 실망할 필요는 없습니다.

남을 배려하고, 남에게 집중하려면 두 가지가 필요합니다.
첫 번째로 필요한 것은 존중받은 경험입니다.
다른 사람에게든, 자기 스스로에게든
존중받은 경험이 없다면 배려하기 쉽지 않습니다.
또 하나 필요한 것은
아이에게 사랑을 줄 수 있는 마음의 여유입니다.
부모들과 많은 상담을 해 보았지만
교육보다 더 중요한 것은
부모에게 마음의 여유를 주는 것이었습니다.

아이들은 만들고 조작하는 일을 무척 좋아합니다.
시키지 않아도 하고 싶어 달려들죠.
하지만 손 기술이 서툴러서 잘되지 않으면
하고 싶어 하는 욕구도 금세 식어 버리죠.
부모도 마찬가지입니다.
대부분의 부모들은 아이를 사랑합니다.
하지만 어떻게 아이를 다룰지 기술이 부족하면
아이에 대한 사랑도 흔들리고 곧 식어 버리죠.

아이가 문제를 일으키지 않으면 부모는 그저 놔둡니다.
아이가 문제를 일으켜야 부모가 나서서 야단치고 도와주죠.
그러면 아이는 오로지 부모와 교류하기 위해서
문제를 일으키기도 합니다.
사랑을 얻으려 일을 벌이죠.
자주 야단을 쳐도 계속 문제를 일으킨다면
원인은 바로 여기에 있습니다.
문제를 벌일 때는 오히려 무시하세요.
그리고 문제가 없는 순간 집중하세요.
그 편이 아이를 더 잘 도와줄 수 있습니다.

🍄 때로는 냉정해져야 해요

🐦

아이가 슬퍼하는 것을 유난히 못 견디는 부모가 있어요.
스스로가 나쁜 부모처럼 느껴지기 때문입니다.
이런 부모는 슬픔은 온전히 아이의 것인데도
아이의 모든 감정을 자신과 연결해서 생각합니다.
얼핏 좋은 부모처럼 보이지만 실상은 약한 부모죠.
상처받고 싶지 않아
아이의 감정까지 통제하는 약한 부모죠.

🐦

때로는 아이에게도 냉정한 말이 도움이 됩니다.
냉정하다는 것은 잔인한 것과는 다릅니다.
칼을 들어 헛된 기대의 줄을 끊는 것이 냉정함입니다.
잔인함은 상처를 주기 위해 상대를 찌르는 것이죠.
기대와 집착이 끊어질 때도 상처는 입기 마련입니다.
하지만 꼭 잘라야만 한다면 날카로운 칼이 낫습니다.
그것이 냉정함입니다. 잔인한 것과는 다릅니다.

아이에게 부드럽게 말하라고 하면
아이가 부모를 무시하지 않을까 걱정합니다.
지금까지 자신에게 부드럽게 대한 사람을
늘 무시하고 살아온 것은 아니잖아요. 결국 자신감이 없는 것입니다.
자신감이 없으면 자기 생각과 감정을 편하게 말하지 못합니다.
부드럽지만 분명하게 "안 돼."라고 말하는 것이 겁이 납니다.
그 두려움을 아이가 느껴 결국 아이가 부모를 무시합니다.

아이에게 부드럽게 대하세요.
다만 안 되는 것은 단호하게 안 된다고 하세요.
부모의 생각을 표현하는 것을 겁내지 마세요.

아이에게 상처가 되더라도 할 말을 해야 할 때가 있습니다.
마음이 여린 아이들은 그 말에 금방 울음이라도 터뜨릴 것만 같아
부모가 해야 할 말도 못 하곤 합니다. 그럴 때는 이렇게 이야기하세요.

"네 살결이 너무나 연해 상처받기 쉬운 건 알아.
엄마의 이런 말도 네겐 아플 수 있겠지.
그저 다 감싸 주고, 부드럽고 포근하게 대해 주길 바라겠지.
내 배 속에 있을 때는 그랬어. 하지만 이젠 바깥이잖아.
그리고 바깥에서 살아 낼 정도의 힘은 네게 충분히 있단다."

"많이 힘들지? 지금 네가 겁도 나고 속상한 건 알겠어.
당장이라도 엄마가 돕고 싶어.
그런데 그렇게 힘들어야 멋진 네가 만들어진단다.
널 낳을 때 엄마도 엄청난 아픔을 겪었어.
그래서 너같이 멋진 아들이 태어났지.
지금은 네가 아플 시간이구나."

때로는 아이를 도와서는 안 되는 순간이 있습니다.
아픈 것을 지켜봐야 하는 순간이 있죠.
힘내라고, 조금 지나면 나아질 거라고
격려만 해야 하는 순간이 있습니다.

부모에게 더 힘든 시간이지요.
피에타의 사랑,
수난을 겪는 아들을 지켜보며 우는 엄마의 모습.
쉽지 않기에 고귀한 사랑입니다.

🍄 아이가 잘못을 저질렀을 때

아이가 어렵게 잘못을 고백했는데도
부모에게 된통 야단을 맞았습니다.
그다음부터 아이는 더 이상 부모에게
어떤 고백도 하지 않습니다.
변화가 일어날 수 있는 결정적 순간은
그렇게 허무하게 지나갔습니다.
이제 부모는 영원히 자기 아이가 어떤 아이인지 모른 채
착각 속에서 키우게 됩니다.

**우리가 관심 있는 것은 미래입니다.
지나간 과거의 잘못은 아니겠지요.**
책임을 묻는 것도 미래를 위해서입니다.
잘못은 잘못이라고 말하세요.
하지만 잘못의 이유가 중요합니다.
아이가 말하기 시작하면 들어야 합니다.
듣고, 원인을 찾아야 제대로 도울 수 있습니다.

"넌 대체 어떻게 된 애가!"
아이가 잘못을 저질렀을 때
많은 부모가 행동이 아닌 인격을 공격합니다.
아이는 방어하지 않을 수 없죠.
방어하지 않으면 자기가 무너지니까요.
방어를 위해 엉뚱한 논리를 만들고
거짓을 지어내 변명을 합니다.
그리고 나중엔 그것을 사실로 믿습니다.
그렇게 변화에서 멀어져 갑니다.

모멸감을 주어 사람을 바꿀 수는 없어요.
기껏해야 움츠리게 만들 뿐이죠.
오히려 억울하다 느끼게 해 자기 잘못도 못 보게 합니다.
심하게 야단맞은 아이는 그저 야단맞은 것만 기억하지요.
왜 야단맞았는지는 잊어버립니다.
부모의 권위가 힘을 발휘하려면
수위 조절이 중요합니다.
불안해서 아이를 몰아치면
결국 아이 마음에서 밀려납니다.

"네가 무슨 일을 해도 아빠는 널 사랑한단다.
하지만 널 사랑하지, 네 모든 행동을 사랑하는 건 아냐.
오늘 네가 한 행동은 아빠가 좋아할 수 없는 행동이야.
내 아들인 네게 어울리는 행동도 아니고."

죄책감과 수치심을 혼동하지 마세요.
잘못한 일에 아이가 죄책감을 느끼는 것은 꼭 필요합니다.
다만 수치심을 느끼지 않도록 해야 합니다.
죄책감은 자기가 한 행동에 대해 느끼는 것입니다.
수치심은 자기 존재 전체에 대해 느끼는 것이고요.
수치심을 느끼면 사람은 뒤로 물러납니다.
하지만 죄책감은 사람을 더 나은 쪽으로 나아가게 합니다.

아이가 잘못된 행동을 할 때 잘못은 분명히 지적해야겠죠.
그렇지만 부모가 네 편이라는 것도 꼭 말해 줘야 합니다.

"네 생각에 아빠가 동의하지 않는다고 네 편이 아닌 건 아냐.
아빠는 결국 네 편을 들 거야.
네가 손가락질을 당할 때 아빠는 네 손을 잡고 있을 거야.
하지만 네가 잘했다고 편들지는 않을 거야.
그건 지금의 너를 위한 일도, 미래의 너를 위한 일도 아니니까."

아이는 잘못할 수 있습니다.
하지만 잘못한 것은 책임을 져야 합니다.
책임을 지게 하는 것이 사랑이고
나이에 맞게 아이를 성장시키는 길입니다.

"이럴 수 있어. 아직 어리니까.
실수할 수도, 잘 모를 수도 있지.
하지만 이 일의 책임은 네가 져야 해.
어차피 네 삶, 네 인생이니까.
아빠가 대신할 수 있는 건 아니란다.
네가 배우고 그러면서 어른이 되는 거야."

🍄 작은 변화를 알아차려 주세요

🐦

그럴듯한 결과를 낼 때만 부모가 알아준다고 느끼면
아이의 어깨는 너무나 무겁습니다.
아이에게서 작은 변화를 발견해야 합니다.
아이의 작은 변화에 주목하고, 작은 기쁨을 표현하세요.
내 삶을 봐 주고 작은 변화에 주목해 주는 사람,
사실 부모도 그런 사람이 그립지 않습니까?

🐦

"자신에게 실망하지 않으려고
스스로에게 솔직하지 않은 경우도 있지.
하지만 결국 더 크게 실망하거나 더 크게 자신을 속여야만 해.
자신에게 솔직해도 실망하지 않을 수 있어.
못났다 해도 그건 지금까지의 너니까.
미래의 너는 분명 다를 거라고 믿으면 돼.
어때? 그렇게 믿을 수 있겠니?
그렇다면 벌써 그만큼은 변한 거야."

아이도 변하려고 하지만 잘되지 않을 수 있죠.
그러면 일단 핑계를 대며 부모의 비난을 피하려 합니다.
그럴 때 부모는 아이에게 중요한 것이 무엇인지,
부모의 관심이 어디에 있는지 알려 줘야 합니다.

"잘되지 않는다고 변명하지 않아도 돼.
사람은 변하기가 참 어려워.
마음먹은 대로 못 하고
늘 해 오던 대로 돌아가기 쉽지.
야단치고 싶지 않아.
아빠가 관심 있는 건 변화야.
못 하고, 또 못 해도 괜찮아.
바로 그 순간, 과거의 잘못을 변호하기보다
달라질 미래를 꿈꾸길 바라."

부모들이 하소연합니다.
"우리 아이는 뭘 해도 의욕이 없어요. 적극적이지 않아요."
정말 그럴까요?
대개는 아이도 뭐든 잘하고 싶어 합니다.
다만 처음부터 그럴듯한 결과를 내기는 어렵겠지요.
게다가 시간이 지나도 제자리걸음인 경우도 있어요.
부모가 기대한 것을 채우기 어렵다 보니
아이는 점점 의욕이 떨어집니다.
해 봐야 소용없다 생각합니다.

아이가 뭔가 조금 잘 해내면 부모들은 한결같이
"더 잘해 보렴. 더 잘할 수 있을 거야." 하고 말합니다.
잘한 부분에만 초점을 맞춰 격려해 주면
아이 스스로 노력할 텐데 그러지 않습니다.
미리 걱정하는 마음 때문이겠죠.
'이 정도 수준에서 기뻐하면 아이가 더 이상 노력하지 않을 거야.'
아이를 믿지 못하면 아이는 정말 그렇게 되고 맙니다.
노력해도 늘 채찍질만 당한다 생각하기에 하던 노력도 그만둡니다.

현실을 움직이는 사람은 작은 차이를 소중히 여기고
그 속으로 더 파고들어 가는 사람입니다.
바위의 작은 틈을 파고들어 뿌리를 내린 풀이
거대한 바위를 두 조각 냅니다.
이거나 저거나 마찬가지라고 보지 마세요.
아이의 작은 변화에 주목하고 격려하세요.

용기란 타고나는 것은 아닙니다.
타고나는 것은 위험에 덜 민감한 기질이겠죠.
용기는 작은 성공을 쌓아 가며 만들어집니다.
아이가 작은 용기를 발휘한 순간
잊지 말고 아이를 격려해 주세요.
그렇게 작은 용기가 자라 큰 용기가 될 거라고요.
용기는 자기를 알아줄 때 더 많이 자라납니다.

🍄 아이의 인생을 격려해 주세요

🐦

아이는 내 바람대로 살지 않습니다.
그렇지만 내 바람대로 살지 않는다고 해서
무조건 한심하게 살지도 않을 거예요.
아이는 부모가 못 보는 자신만의 길을 찾을 거예요.
부모는 조금 도와주고, 지지하며 박수를 쳐 줄 뿐이죠.

🐦

"착한 사람, 나쁜 사람은 없어.
용감한 사람, 겁쟁이도 따로 없어.
우린 어떤 사람도 될 수 있단다.
지금 네가 어떤 행동을 선택하는지가 중요해.
그 선택이 너야. 다른 너는 없어.
선택에 의해 네가 만들어진단다.
우리가 할 수 있는 전부는 매 순간의 선택이야."

🐦

"흙을 빚어 그릇을 만든다고 생각해 봐.
대충 주물러 모양만 만든 친구,
정성 들여 빚어서 무늬를 넣고 이름도 새긴 친구.
누가 자기 그릇을 소중히 여길까?
지금 네가 살고 있는 순간순간이 바로 네 인생이야.
네 인생을 소중하게 생각할 수 있도록 만들어 가렴."

🐦

"네가 힘든 것은 알아. 제일 힘든 건 분명 너겠지.
하지만 변명은 도움이 안 돼. 이미 펼쳐진 상황은 바꿀 수가 없어.
다만 어떻게 대응할 것인가 하는 문제는 네게 달렸고,
얼마든지 네가 바꿀 수 있어.
기다려 줄게. 대응 방법을 이야기할 준비가 되면 말하렴."

🐦

"좋은 성격으로 키우고 싶어요."
부모들의 한결같은 마음입니다.
그러나 좋은 성격이 얼마나 다양한지 모르는 경우가 많아요.
수줍어하는 좋은 성격, 장난을 좋아하는 좋은 성격,
예민한 좋은 성격이 다 있습니다.
이래야만 좋은 성격이란 부모의 틀이 아이를 옥죄어선 곤란합니다.

🐦

이상적인 모습을 기대한다면 어서 버리세요.
정답은 아이의 현재에 있습니다.
지금 나와 부딪치는 현재의 아이,
그 한 발자국 앞이 정답입니다.
한 걸음 앞으로 내딛게 해야 합니다.
그 첫발이 중요합니다.
첫발을 떼면 그 다음 발은 한결 쉽습니다.

🐦

부모도 아이도 약한 존재입니다.
말은 거창하지만 실천은 약하고,
바람 불면 금세 덜컹대는 존재입니다.
그래서 비참하지만, 그래서 또 함께할 수 있습니다.
서로 인정하고 격려하며 가세요.
그러면서 주고받는 눈빛에
잠시나마 행복한 것이 우리네 삶입니다.

🍄 칭찬 사용법

🐦

아이가 도운 작은 일에도
잊지 않고 "고마워." 하고 말해 주세요.
아이가 당연히 해야 할 일인데
인사까지 할 필요 있느냐고요?
그러나 아이는 자기가 도움이 된다는 느낌에 무척 기뻐합니다.
자존감을 키우는 비료가 되지요.
그뿐입니까?
집안일을 도우려는 행동도 늘어납니다.

🐦

칭찬은 고래도 춤추게 한다지만 부작용도 있지요.
그래서 저는 칭찬보다 격려를 권합니다.
아이를 믿는 나의 진심을 전달하는 것,
어떤 상황에서든 긍정적인 측면을 보게 하는 것,
인생을 과정으로 생각하도록 하는 것.
이러한 격려는 부작용이 없습니다.
언제나 아이에게 힘이 됩니다.

"이렇게 잘하다니 넌 참 특별한 아이야."
아이의 자존감을 높여 주려 하는 말이죠.
그런데 자존감을 생각한다면
이렇게 말하는 편이 더 낫습니다.

"사람은 다 특별한 존재야. 잘하든 못하든 참 소중하지."
아이가 나이를 먹고 일이 뜻대로 안 풀려도
자기를 소중히 여길 수 있어야 진정한 자존감입니다.

어떤 일을 잘 해낸 아이에게 칭찬해 주면
아이는 물론 좋아하고 으쓱해합니다.
하지만 얼마 지나지 않아
'혹시 이 일을 해내지 못하면 나는 별로인 걸까?' 하고
불안에 빠지는 경우가 흔합니다.
이런 생각에 사로잡혀
타인의 인정을 받으려 삶을 다 써 버리거나,
패배감에 빠져 삶을 보내는 어른들이
결코 적지 않습니다.

"난 도대체 왜 이러는지 몰라. 난 정말 문제라니까."

이런 말을 스스로에게 하는 부모는
분명 아이에게도 같은 말을 합니다.
우선 자신에게 긍정적으로 말해 주세요.
자화자찬하라는 말이 아닙니다.
따뜻하게 격려하면서 해 보자고 하세요.
아이에게 말하기 전에 스스로에게 연습이 필요합니다.

"칭찬 싫어하는 사람은 없단다.
칭찬을 받으면 당연히 기분 좋아지지.
하지만 칭찬이 목적이 되면 곤란해.
칭찬 들으려고 네가 한 일을 과장하고
너를 희생하는 경우도 있지.
칭찬을 못 받으면 서운함에 힘들어지고.
그러면 결국 남이 너의 주인이 된단다.
네가 너에게서 소외되는 거지.
칭찬은 그저 친구랑 소풍을 가면서 마주친
들녘의 아름다운 빛깔처럼,
자전거 하이킹 할 때 다가온 맞바람의 시원함처럼,
늦은 밤 귀갓길에 비치는 따뜻한 달빛처럼,
그런 느낌으로만 대하길 바라.
기분 좋고 마음 따뜻하지만 그것이 목적은 아닌 거야."

🍄 아이가 자기 생각을 펼칠 때

혼자서 대화를 주도하려는 아이가 있죠.
그럴 때 이렇게 말해 주세요.

"다섯 명이 이야기한다면
넌 오분의 일의 시간만 이야기할 수 있단다.
더 말하는 건 다른 사람의 시간을 빼앗는 거야.
물론 더 말해도 될 때도 있어.
다른 사람들 모두 네 말을 좋아하는 경우지."

"네가 하는 말의 내용도 중요하지.
하지만 그만큼 중요한 것이 목소리의 크기란다.
어느 정도의 크기로, 얼마나 세게 말하면 좋을지 생각해야 해.
상황에 맞는 적당한 크기가 아니라면
사람들은 네 말을 텔레비전을 끄듯 꺼 버릴지도 몰라.
속상하겠지만 그건 그 사람들 잘못이 아니야."

자기주장을 공격적이지 않게 말하는 것은
어릴 때 배워야 하는 중요한 기술입니다.
현실의 많은 다툼은 주장보다는
공격과 그에 대한 본능적 방어 때문에 심각해지기 때문입니다.
잘잘못을 따지는 걸로 풀리는 인간관계는 별로 없어요.
잘잘못을 심각하게 따지는 순간
이미 상황은 나쁜 쪽으로 흘러가 버리고,
옳고 그른 것이 가려진다 해도
결말은 이미 엉망인 경우가 많습니다.

편안하게 자기주장을 하는 방법은
어릴 때부터 훈련되어야 합니다.
상대방이 자신의 말을 긍정적으로 들어 줄 거라는 믿음이 이런 태도를 배우는 출발점이 됩니다.

아이들한테 적어도 두 번은
상대방에게 선의가 있다고 생각하고 이야기하라고 하세요.
두 번 정도 들어 보았는데도 상대방에게 선의가 없고
나를 무시하거나 속인 것이 확인되면
그때는 강하게 자기주장을 하고요.

상대방에게 선의가 있다고 믿기 위해서는
자기 마음의 여유가 필요합니다.
또 사람을 일단 긍정적으로 보는 마음이 필요하죠.
그러려면 어린 시절 부모와 긍정적인 관계를 맺고,
안정적인 환경에서 자라는 게 중요합니다.
이런 바탕 위에서 대화를 하는 기술도 가르쳐야 하죠.

하지만 이러한 태도와 대화법은
우리 사회가 아직 익숙하지 않은 부분입니다.
이러한 태도와 기술이 확산되고,
아이들에게 제대로 교육할 때
우리 사회의 민주주의도
한 걸음 더 진전하리라 믿습니다.

에세이

{오늘 아이에게 사랑한다 말해 보세요}

요즘은 사랑한다는 말이 너무나 쉽게 쓰이지만 아직도 아이에게 사랑한다는 말을 꺼내길 겸연쩍어하는 부모들이 많습니다. 물론 그런 부모라고 아이를 사랑하지 않는 것은 아닙니다. 다만 어색하고, 표현하는 것만이 다는 아니라고 생각하기에 말하지 않는 거겠죠.

예전 부모들은 아이에게 감정을 표현하면 아이의 버릇이 나빠진다고 생각했습니다. 하지만 감정을 표현한다고 버릇이 나빠지는 것은 아닙니다. 부모가 감정적이기에 버릇이 나빠질 뿐이죠. 원칙이 없고 감정에 따라 그때그때 다르게 행동할 때 아이의 버릇은 나빠집니다. 어떤 사람이 감정을 언어로 잘 표현한다고 해서 그 사람이 감정적인 것은 아닙니다. 오히려 감정적인 사람은 자기의 감정을 말로 잘 표현하지 못합니다. 표정이나 행동으로 자기 감정을 드러낼 뿐이죠. 감정을 말로 잘 표현하는 사람일수록 감정을 다루는 데 좀 더 능숙합니다.

  그렇다면 아이에게 사랑한다는 말을 왜 하지 않을까요? 혹시 내심으론 아이를 사랑하지 않기 때문인가요? 그것이 아니라면 왜 사랑한다 말하지 않는 건가요?

  아이는 엄마의 사랑한다는 말을 너무나 기대합니다. 그리고 자신의 기대가 채워지면 행복해하죠. 부모도 아이에 대한 긍정적인 감정을 표현하면서 더욱 행복해집니다. 그뿐만 아니라 감정은 표현하면 더욱 커지는 법. 표현하지 않을 이유는 하나도 없습니다.

  어떤 부모는 아이에게 사랑한다는 말을 정면으로 하지 못하고 돌려 말하기도 합니다. "너, 엄마 사랑하니?" 만약 내가 사랑하는 사람이 자기가 먼저 사랑한다 말하지 않고, 자신을 사랑하고 있느냐고 나에게 물어본다면 기분이 어떨까요? 그가 무책임하게 느껴지지 않을까요? 아니면 날 사랑하지 않는 것은 아닐까 의심스럽진 않을까요? 내가 사랑해야만 저 사람은 날 사랑하려나 싶어 불안하고 화나지 않을까요? 아이도 그렇게 느낍니다. 그러니 먼저 사랑한다고 말해 주세요.

  동생과의 터울이 적어서 힘들어하는 아이, 타고난 약점 때문에 자신감이 없는 아이, 불안이 많은 아이라면 부모는 사랑의 표현을 더 늘려야 합니다. 아이들은 모두 부모의 사랑을 잘 믿지 못합니다. 우리도 어린 시절 부모가 다리 밑에서 주워 왔다고 하거나, 고아원에 보낸다고 하면 진짜일까 의심도 하고 겁도 먹곤 했습니다. 아이들은 자기 존재의 가치를 믿을 만한 근거가 얼마 없습니다. 그래서 더 많이 불안해합니다. 부모가 자기같이 별 볼 일 없는 존재를 계속 사랑할지도 불안하고, 언젠가 사랑을 그만둘까 싶어 두렵습니다.

그래서 부모가 사랑을 표현하지 않으면 아이는 조르고 떼를 씁니다. 엉뚱한 행동으로 부모를 지치게 하죠. 그러고서 밤이면 엄마에게 다가와서 함께 잠들자고 조릅니다. 사랑하는 사람이 자기를 떠날까 두려워하는 연인의 모습 그대로입니다. 아이는 엄마의 마음을 달라고 조르고, 엄마는 조르는 아이에게 지쳐서 마음이 식습니다. 연인 관계와 차이가 있다면 딱 한 가지. 연인은 헤어질 수 있지만 엄마와 아이는 헤어질 수 없다는 것입니다.

아이와는 헤어질 수 없습니다. 그렇기에 변화가 꼭 필요하고 그 방법은 어렵지 않습니다. 부모의 사랑을 아이가 느낄 수 있도록 표현해 주세요. 아이가 기대하지 않은 상황에서 먼저 이야기하세요. 엄마가 말해 주길 초조한 마음으로 기다릴 때 아이의 자존감은 낮아집니다. 아이에게 사랑한다고, 엄마는 네가 늘 생각난다고 웃으면서 이야기해 주세요. 다른 일을 하다가도 갑자기 문득 네가 안고 싶어졌다고 말하고 안아 주세요. 가끔은 그런 사랑의 감정이 실제로 생기지 않습니까? 우리는 왜 있는 사랑도 표현하지 않는 걸까요?

 혹시 지친 표정으로, 늘 굳어 있는 모습으로 아이를 대하고 있지는 않나요? 아이 때문에 엄청나게 많은 희생을 하면서도, 거기에 지쳐서 정작 아이에게는 어두운 모습만 보이고 있지 않나요? 이럴 경우 아이가 보는 것은 부모의 지치고 힘든 얼굴, 자기를 보는 어두운 표정뿐입니다. 줄 것은 다 주면서 사랑을 표현하지 않아서 아이가 느끼지 못하는 것이지요.

 부모라면 살면서 한 번쯤 연애를 해 봤겠지요? 내가 연애할 때 받고 싶었던 만큼, 다시 연애하면 이렇게 잘해 봐야지 하는 마음으로 아이에게 사랑을 이야기하세요. 작은 쪽지에 편지를 써서 필통에 넣어 주고, 가끔은 아이가 학교에서 돌아오면 보고 싶었다고 말해 주세요. 예쁜 액세서리를 사 주며 네가 생각나서 샀다고 말해 주고, 텔레비전을 보다가도 손을 잡으며 네 손을 잡으면 행복한 마음이 든다고 말해 주세요. 이런 사랑이 아이와 날 보이지 않는 끈으로 연결할 것입니다. 내 마음에도 따뜻한 빛을 비출 겁니다.

 원래 사랑은 남에게 하면서 자기 마음을 위로하는 것. 사랑을 표현하는 순간, 자신 역시 사랑받는다는 것을 느낄 것입니다.

갈등 속에서
자라나는 아이들

인생에는 굴곡이 있습니다.

잘 나갈 때도, 헉헉댈 때도 있죠.

어른이 되어 간다는 것은

바닥일 때의 자신을 잘 관리하는 것.

아이들도 빛나는 순간은 있습니다.

그러나 위기에선 맥을 못 추죠.

인생을 길게 보면 바닥과 위기에서

점수를 잃지 않아야 결과가 좋습니다.

떼쓰는 아이

"나 같은 건 그냥 놔두라고!"
"어차피 갈 거면 지금 가 버려."
아이들은 이런 말을 하며 떼를 쓸 때가 많죠.
하지만 속마음은 한 가지.
'엄마, 내가 별로라도 내 옆에 계속 있어 주세요.'

이럴 때는 그저 버티는 것이 답일 때도 있습니다.
아이가 가라고 해도, 놔두라고 해도
"넌 엄마가 싫지만 난 네가 좋으니 옆에 있을 거야." 하고 말하세요.

엄마가 밉고, 아빠가 싫다고 말한다고 해서
아이가 진짜로 부모를 싫어하는 것은 아닙니다.
사랑이 흔들릴까 불안할 수도 있고,
자기가 사랑받을 만하지 못하다고
의심하고 있을지도 모릅니다.

떼쓰기에는 세 가지가 있어요.

첫째, '내가 할게' 떼쓰기.
자기가 하겠다며 엄마의 도움을 거절하는 떼쓰기로
건강한 아이의 모습이지요.
그저 격려하며 기다리면 아이가 크면서 사라집니다.

둘째, '다른 의견' 떼쓰기.
분명 위험한 행동인데 하겠다고 우기는 경우로
아이는 원하지만 부모는 들어줄 수 없는 상황이지요.
이때는 아이의 말을 들어주지는 않되
떼쓴다고 야단치지도 마세요.
속상할 권리를 인정해 주고 위로하거나 그냥 두세요.

셋째, '다 싫어' 떼쓰기.
뭘 해 줘도 다 싫다는 경우지요.
이때는 숨어 있는 이유가 있거나 애정이 그리운 경우에요.
안아 주고 속마음을 읽어 주세요.

"도대체 이만한 일로 그렇게 울 이유가 뭐야?"
많은 부모들이 하소연합니다.
아이가 울면 부모는 울기 직전 상황에 주목하기 마련이죠.
그러나 적잖은 경우, 그 상황은 방아쇠일 뿐 이유는 따로 존재합니다.
저녁에 둑이 터지듯 울음을 터뜨렸지만
눈물은 낮부터 조금씩 쌓여 온 것일 수 있습니다.
낮 시간 동안 느낀 과도한 긴장, 애타는 마음이나 불안,
후회스럽고 창피한 기억이 아이가 흘리는 눈물에 숨은 화약입니다.

밤이 되면 유난히 어리광 부리는 아이들이 많아요.
어리광은 엄마로부터 떨어질까 봐 두려운 마음의 표현입니다.
아이가 생각하기에 엄마의 사랑을 오롯이 받는 방법은
아기가 되는 것뿐이니까요.
아이의 짧은 경험에선 그럴 수밖에요.
그래서 아이에게 나이에 맞게 굴라고 하면 불안해합니다.
엄마와 점점 더 멀어질까 봐 두려워지죠.
그래서 아이에게 어서 가서 자라고 할 때도 이유가 중요해요.
'나이에 맞게' 아기처럼 굴지 말라고 하기보다는
'내일 엄마랑 더 재밌게 놀아야 하니' 자라고 하는 게 좋습니다.

🌽 힘들어하는 아이

아이들은 어려움을 견뎌 내는 것을 힘들어하죠.
왜 내게 이런 일이 닥쳤나 짜증을 내고
적당히 피해 가려고 생각하지요.
그래서 이렇게 말해 줍니다.

"어떤 일을 하든 장애물이 있을 거라고 생각해야 해.
그리고 어떻게 극복할 수 있을지에 집중해야 하지.
'왜 장애물이 있는 거야?' 같은 질문은 아무 도움이 안 돼.
더구나 '왜 내게만 장애물이 있는 거야?' 하고 생각하면
그냥 네 힘만 빠질 거야.
인생을 산다는 것은 결국 장애물 경주를 하는 거야.
멋지게 뛰어넘는 네 모습을 아빠는 기대하고 있어."

비가 오는데 비가 안 온다고 믿어 봐야 소용없어요.
그래 봐야 비에 젖은 생쥐 꼴이 될 뿐입니다.
하지만 비가 영원히 멈추지 않을 것이란 생각도 잘못된 거예요.

"네 마음이 괴롭구나. 많이 힘들지?
하지만 그 괴로운 감정도 영원하진 않을 거야.
기분은 바퀴처럼 돌아가.
지금은 나쁜 기분이지만 곧 다른 기분으로 바뀔 거야.
계속 같은 기분일 거라 생각하지 마.
좋지 않은 기분이 십만 년 계속된다 생각하면 누구나 우울하지.
하지만 그런 일은 없어.
그리고 노력하면 너 스스로 바퀴를 돌릴 수도 있어."

"꼭 싸워야 하는 순간도 있어. 바로 지금이야."

아이든 어른이든 도망치고 싶은 순간이 있습니다.
상황이 어려울 때 부모는 같이 아파하면서도
아이에게 용기를 주어야 합니다.
인생이란 길 위에서 돌파해야 하는 순간은 찾아오기 마련이고
그때 기운을 주는 누군가의 한마디는 너무나 소중합니다.

힘든 상황에 놓인 아이에게 이야기합니다.

"널 생각하면 마음이 아파. 얼마나 힘이 드니?
힘들지 않을 수 없겠지. 뭐라도 하고 싶구나.
내가 늘 여기 있다는 것을 잊지 말렴.
내가 할 수 있는 거라면 열매와 가지,
줄기라도 떼어서 돕고 싶구나.
그렇게 내가 가진 것을 주고 난 뒤에
네가 언제라도 와서 쉴 그루터기가 되어 있을게."

아이가 지나가는 말로 "자살하고 싶다." 말합니다.
그 말을 들은 부모는 깜짝 놀라
그런 말 안 좋다며 하지 말라고 하지요.
자살하고 싶다는 말은 대화하고 싶다, 도와 달라는 말입니다.
그런 말 하지 말라고 하면 도와 달라는 말을 하지 말라는 거죠.
그럼 아이의 선택은 하나뿐입니다.

"이 아이를 어떻게 할까요?
그냥 두면 정말 엉망이 될 것만 같아요."
정말 엉망이 된다면 어떨까요?
최악의 상황을 가정해서 느껴 보세요.
놀랍게도 두려움과 슬픔을 있는 그대로 경험하고 나면
그 감정을 이겨 낼 힘을 얻게 될 때가 있습니다.
물론 최악의 상황은 잘 오지 않습니다.

친구 사귀기가 어려운 아이

사회성이 부족해 친구 맺기를 어려워하는 아이.
부모는 축구 클럽처럼 아이가 많은 친구들과
어울릴 수 있는 곳을 다니게 하죠.
하지만 친구들의 숫자는 학교가 가장 많고 어울릴 기회도 잦습니다.
그런데도 아이는 친구를 사귀기 어려워하는 거지요.
사회성이 부족한 아이라면 많은 친구들이 모여 있는 곳보다는
일대일 관계를 규칙적으로 가질 수 있는 곳에
다니는 편이 더 낫습니다.
친구 한 명과 반복적으로 놀 기회를 주어야 사회성이 발달합니다.

"다른 사람의 시선에 신경 쓰지 말고,
다른 사람에게 신경을 쓰렴.
사람들이 뭘 필요로 하나, 무엇을 좋아하나 잘 살펴봐.
다른 사람을 잘 알게 되고 그들이 널 좋아한다면
굳이 시선에 신경 쓸 필요는 없어진단다.
평가를 두려워하지 마. 그보다는 먼저 친구가 되렴."

"친구가 없다고 왜 스스로를 탓하니?
난 오히려 네게 박수를 쳐 주고 싶어.
친구도 없이 지금까지 잘 버티며 살아온 너에게.
넌 불쌍한 아이가 아니야.
자기를 좋아하고 존중해도 될 아이야.
그렇게 혼자서도 잘 살아왔으니
진짜 우정을 나눌 힘도 이미 갖고 있을 거야."

아이들은 친구를 고를 때 무엇을 기준으로 할까요?
조사를 해 보면 재밌거나 운동을 잘하는 아이,
키가 크거나 힘이 세거나 잘생긴 아이인 경우가 많습니다.
하지만 이런 특성들은 친구 관계를 오래 유지하는 데 중요한
친절함이나 서로에 대한 꾸준한 관심과는 무관해요.
게다가 인기가 있는 아이라면 나와 놀아 줄 시간이 부족합니다.
그래서 아이들에겐 꾸준히 말해 줘야 해요.

"인기보다는 네게 잘해 주는 아이,
같이 놀면 재미나고 서로 또 만나고 싶어 하는 친구가 좋아.
친구는 널 빛나게 하는 아이가 아냐.
너와 함께 노는 아이란다."

"인기 있는 친구만 바라보지 말렴.
매력적이긴 해도 그 아이에겐 네가 덜 중요할지도 몰라.
주위를 한번 둘러보렴.
조용히 숨어 있는 아이들,
먼저 나서지는 않지만 친구가 필요한 아이들이 있어.
속에 매력을 가득 채운 채 말이야.
마치 네가 그렇듯이."

지나치게 아이에게만 집중하는 부모는
아이의 사회성 발달에 좋지 않을 수 있습니다.
부모가 갖는 사회적 관계를 통해
아이도 또래와의 어울림이 중요하다는 것을 배웁니다.
그 속에 즐거움이 있고 때로는
노력도 필요하다는 것을 자연스럽게 깨닫지요.
부모 자신의 삶을 지켜 가세요.
그것이 아이에게도 좋습니다.

🐦

"친구들 이야기를 잘 들어 주렴.
맞장구도 치고 걱정도 함께 나누고.
친구에겐 그런 네가 필요하고 고마울 거야.
네가 괜찮은 아이고 숨은 장점이 많다는 걸 몰라줄까 초조해하지 마.
존재감은 잘났다고 말한다고 생기지 않아.
네가 필요한 존재가 되면 생기는 거야."

🐦

"친구는 대개 저절로 생겨.
너쯤 되면 노력이 필요한 일은 아닐 거야.
하지만 깊은 우정은 저절로 생기지 않아.
친구를 대하는 습관은 중요하단다.
조금은 자기를 희생하고,
친구에게 맞춰 주기도 하고,
네 시간을 기꺼이 써야 해.
이건 좋은 습관이야.
저절로 생기진 않지."

아이에게 흔히 하는 말.
"너 혼자만 대장을 하면 다른 애들이 안 놀아 줄걸."
타인의 입장을 고려하도록 교육하려는 취지겠지요.
하지만 조금 더 나은 방법이 있습니다.
"너 혼자만 대장을 하면 다른 애들 기분은 어떨까?"
타인의 기분에 초점을 맞출 때 더 효과적입니다.

친구가 자기 말을 따라 주지 않아
속상해하는 아이에게 이야기합니다.

"네 뜻을 다 따라 줘야만 너를 좋아하는 건 아냐.
생각이 달라도, 그래서 어떤 일은 같이 못 해도
함께 잘 지낼 수 있어.
네 맘에 꼭 맞지 않는다고 밀어낸다면
결국 너만 남게 된단다.
다른 걸 가볍게 받아들이렴.
같이 맞출 수 있는 부분에 집중하고."

"속상하지? 친구들은 네 입장은 생각 안 하고
별 생각 없이 아무 말이나 하기도 해.
네가 상처받는 건 모르고 말이야.
사람들과 어울려 사는 건
장판 깔린 방바닥을 걷는 게 아냐.
자갈이 깔린 길을 걷는 거지.
맨발로는 안 돼.
네 마음에도 쿠션 있는 신발이 필요해."

🌽 부모를 공격하는 아이

부모들의 흔한 푸념.
"자기가 화난 건데 왜 부모에게 떼를 쓰는 걸까요?"
억울한 마음은 이해합니다.
그렇다고 아이가 화를 자기 자신에게 풀면 괜찮을까요?
바닥에 뒹굴고, 손으로 머리를 때리며 자해를 하면
부모로서 견딜 만할까요?
부모가 아닌 다른 사람에게 푼다면요?
친구를 때리거나 물건을 던지는 식으로 말이죠.
아이가 부모에게 떼를 쓰는 것,
알고 보면 그나마 안전한 길을 찾은 겁니다.

강렬한 감정에 대응하는 가장 효과적인 방법이
또 다른 강렬한 감정을 갖는 것이죠.
아이들은 알 수 없는 미래에 대한 불안,
자기가 한심한 아이가 아닐까 하는 불안을 이기려
부모에게 심하게 화를 냅니다.
아이들은 부모와 싸우면서
그래도 부모는 아직 내게 관심이 있다며 안심합니다.
글을 썼을 때 아무 반응이 없는 것보다
나쁜 반응이라도 있는 것이 더 낫다는 말처럼
자신에 대한 믿음이 없는 아이들은
주기적으로 부모의 반응을 이끌어 내려고 합니다.

아이와의 관계에서 오는 불안을 회피하려고
아이에게 화를 내는 부모도 많습니다.
내가 불안한 것보다는 남에게 화내는 것이 한결 편하죠.
공부를 했으면 싶은데 놀고만 있는 아이에게 화를 낼 때
부모 마음에는 아이의 미래에 대한 불안이 자리 잡고 있어요.
불안을 넘어서야 아이의 미래를 새롭게 보고,
진짜 부모다운 모습을 보일 수 있습니다.

아이가 아빠에게 욕을 해서 크게 혼이 났습니다.
이럴 때 엄마는 어떻게 아이가 잘못을 돌아보게 할까요?
"건방지게 그렇게 말해! 당해도 싸다."라거나
"화가 나서 그랬니? 그래도 말 좀 가려서 해야지."라고 하지요.

이렇게 말해 보면 어떨까요?
"어른에게 함부로 말하는 건 위험한 일이야.
아빠가 아닌 다른 어른이라면 더 위험하지.
엄마는 네가 자신을 아끼고 사랑하길 바라.
자기 자신을 아끼는 사람은 자기에게 위험한 일은 벌이지 않아.
뜨거운 불에 손을 넣는 일 같은 건 하지 않잖아."

요즘 욕을 일상적으로 쓰는 아이들이 많습니다.
욕을 써서라도 강렬하게 말해야 한다고,
그래야 멋져 보인다고 생각하기 때문이죠.
강렬함만이 자기 존재를 드러낼 수 있고,
그래야 무시받지 않을 거라는 불안이 내면에 있습니다.
너무 억눌린 채 자라
속에서 웅크리고 있는 감정이 워낙 강한 것도
아이들의 욕이 늘어난 원인이죠.

🐦

많은 아이들은 지나친 통제를 받으면
얼마 지나지 않아 자제력을 잃고 말아요.
그러고는 부모의 개입이 옳든 그르든
부모가 잘못이라며 억지를 쓰곤 합니다.
그래야만 자기를 지킬 수 있다 느끼니까요.
그렇게라도 지키지 않으면
늘 자기를 부족하고 모자라다고 여기는 부모가
더 함부로 자기를 대할 것 같고,
결국 자신이 다 사라질 것만 같아 두려워서죠.

🐦

아이를 무서워하지 마세요.
아이는 부모가 없으면
생명을 유지하기도 어려운 존재에 불과합니다.
기껏해야 부모의 말을 듣지 않을 힘밖에 없는 존재가
바로 아이입니다.
내가 아이를 사랑하고 잘 키우고 싶기에
아이가 버거운 것입니다.
겁먹지 마세요. 그저 내 새끼입니다.

아이들의 반항은 두 가지가 있어요.
첫째, 부모와 가치관이 달라서 반항하는 것.
둘째, 부모가 아이의 행동을 통제해서 반항하는 것.
그중 가치관 문제로 반항할 때가 훨씬 격렬하고 해결도 어렵지요.
요즘 중산층 가정에서는 가치관 반항보다는 통제 반항이 많습니다.

현대 그룹의 창업자인 정주영 회장이
소 판 돈을 훔쳐 가출한 것이 가치관 반항입니다.
송충이는 솔잎을 먹어야 한다는 부모의 가치관에 반항한 것이죠.
"여자가 무슨 대학이야? 시집이나 가야지."
이렇게 말하는 부모에게 반항하는 것도 가치관 반항입니다.
반항의 정도가 격렬하고, 부모에게 질 경우 깊은 상처가 남지요.

요즘은 부모와 아이의 가치관 차이가 크지 않습니다.
다만 아이에 대한 부모의 통제 정도는 더 강해져서
그로 인한 반항이 늘었어요.
이 경우에는 부모가 타협하는 방법만 제대로 익혀도
해결이 그리 어렵지 않습니다.
문제는 지금의 부모 세대가 타협하는 방법을
제대로 배우지 못하고 자라서 갈등 해소가 어려운 것입니다.

🌽 스트레스 받는 아이

🐦

어린아이들이 스트레스를 받을 때 토하거나 배가 아픈 것.
이것은 포유류의 기본적인 반응 양상입니다.
우리 몸은 스트레스를 받으면
싸우거나 도망치기 좋은 상태로 저절로 변화합니다.
속을 비워야 도망치기 쉽기에 토하기도 하죠.
사자에 쫓기는 얼룩말도 그렇게 합니다.

물론 인간은 다른 포유류와 사는 조건이 다르죠.
그래서 아이가 토하는 반응은 자라며 점차 사라집니다.
얼룩말과는 달리 토해서 얻는 이익이 없으니까요.
성장하며 새로운 방식이 학습되지요.
그래서 아이가 울며 토하면 그러려니 하세요.
요구를 들어주거나 더 야단치면 오래갈 뿐입니다.

아이의 스트레스를 못 견디는 부모들이 있습니다.
아이가 언제나 행복했으면 하는 마음 때문이죠.
그러나 그런 인생이란 없습니다.
성장이란 스트레스를 이겨 내는 과정을 통해 이뤄지죠.

아이는 부모의 스트레스에 영향을 받습니다.
부모의 스트레스가 전해지면 아이도 스트레스를 받고,
반대로 아이의 스트레스는 부모의 스트레스를 유발하죠.
부모와 아이의 스트레스가 함께 높을 때는 일단 뒤로 물러나세요.

스트레스가 높은 상황에서는 쉽게 흥분하고
하지 않을 말도 하게 됩니다.
아이 역시 스트레스를 못 참고 거칠게 대항합니다.
아니면 그냥 숨어 버린 채 부모에게 협조를 하지 않죠.
결국 말하시 않느니만 못한 상황이 옵니다.
중요한 문제라면 반복됩니다.
해결할 수 있는 순간이 다시 옵니다.
서두를 이유 없습니다.

🌽 화를 참기 어려워하는 아이

많은 아이들이 잘 해내고 싶은데 잘되지 않으니 화를 냅니다.
능력이 부족해 늘 안되어 온 아이라면
아예 시도도 하지 않고 화부터 내죠.
화를 내서 마음의 불편함을 덜어 내는 겁니다.
그럴 때는 잘하고 싶은 마음을 인정해 주세요.
안되어 속상한 마음을 안아 주세요.

아이가 자주 화를 내면 부모는 고쳐 주고 싶습니다.
그래서 그러지 말라고 가르치고, 그러면 안 된다 야단칩니다.
아이는 화가 더 납니다.
자기가 못난 존재라는 생각이 드니까요.
아무리 좋은 충고나 가르침도
마음속 분노를 줄일 순 없습니다.
이때 아이에게 필요한 것은
말을 들어 주고 놀아 주고 격려하는 여유 있는 부모입니다.
자기에게 없는 여유란 감정입니다.

누군가 내게 화를 낼 때 상대가 힘이 세면 기가 죽고,
상대가 약하면 맞받아 화를 내는 것이 인간의 본성입니다.
아이가 화를 낼 때 아이는 나보다 약하니
당연히 맞받아 화를 냅니다.
그러면 부모보다 약한 아이는 기가 죽기 마련입니다.
하지만 화난 이유가 풀리지 않았다면
아이는 곧 다시 기회를 잡아 화를 낼 것입니다.

분노 뒤에 숨은 진심을 알아야
아이의 화를 풀어낼 수 있습니다.

화내는 아이의 마음엔 두려움이 있을 때도,
슬픔이 있을 때도 있습니다.
무서워 피하고 싶어 화내기도 하고,
울고 싶어서 화내기도 합니다.
그 밖에 여러 다른 감정이 숨어 있을 수 있죠.
그것을 발견해 내는 것이 아이를 키우는 열쇠입니다.

아이가 화를 낼 때 그 자리를 지키세요.
화내거나 방어할 필요 없습니다.
아이는 아이고 나는 부모입니다.
담대하게 버티세요.
아이의 분노는 변화의 계기가 됩니다.
감정을 표출할 때 우리는 아이를 더 이해할 수 있습니다.
쏟아진 감정이 소화되면 아이는 변하기 시작합니다.

그냥 놔두어 보세요.
시간이 지난 후 화가 풀릴 때 접근하세요.
화가 안 풀린다고 부모가 화낼 이유는 없지요.
'화가 났구나, 시간이 필요하겠지.'
이런 마음으로 지켜보세요.
지켜보는 것이 익숙하지 않을수록
초점을 아이가 아니라 내 마음에 두어야 합니다.
대담하게 바라보고, 마음이 흔들리지 않도록.

제 아이도 성격이 급하고 화를 참는 것이 약합니다.
타고난 천성이 감정을 다루는 데 약한 아이들이 있죠.
오랜 시간 노력해 왔지만 여전히 화가 폭발할 때도 있어요.
아이에게 제가 했던 몇 가지 말들을 적어 봅니다.

"오늘 네가 종례 시간에 화가 폭발했다는 이야기를 들었어.
집에 와서 할 일이 있는데 종례가 너무 길어져서 그랬구나.
너무 실망하지 말렴. 아빠는 네가 요즘 전보다
화를 잘 참아 냈던 몇 가지 일을 기억하고 있어.
요즘 너는 순간적으로 올라오는 짜증을
가볍게 넘기는 법을 배워 가는 중이잖아.
걱정하지 마. 점점 나아질 테니까."

"화를 참는 게 아냐. 더 멋있어지는 거야.
화가 날 때마다 참으려면 너무 어려워. 결국 폭발하게 되거든.
화가 덜 나는 사람이 돼야 해.
친구들 중에, 선생님 중에 찾아서 배워 보자.
그릇이 크면 흔들려도 물이 잘 넘치지 않잖아.
사람들 중에도 흔들려도 화가 덜 나는 사람이 있어.
너도 그럴 수 있어. 멋있어질 수 있다고."

"아빠는 네가 짜증 내며 소리 지르는 건 싫어.
아빠도 가끔 짜증이 나지만
사랑하는 네게 소리를 지르진 않으려고 해.
넌 아직 어려서 참기가 쉽지 않지? 화나면 소리가 절로 나오고.
그럴 때는 아빠랑 재밌게 놀던 순간을 생각해 보자.
즐거운 생각을 하면서 조금만 약하게 소리를 내 보자."

"화가 나고 감정이 막 올라올 때는 한발 뒤로 물러나야 해.
바로 맞선다고 용기 있는 사람은 아니야.
물론 그런 용기란 쉽게 갖기 어려운 거지.
자기를 진심으로 믿는 사람만 가질 수 있는 용기야."

아이들의 분노에는 울고 싶은 마음이 들어 있어요.
답답하고 불안하고 부끄러운 마음이 숨어 있어요.
그래서 분노에도 위로로 다가서야 합니다.
분노를 분노로 맞서면 아이가 자기 감정에서 도망갑니다.
감추고 숨기고 잊어버리려 하죠.
위로를 해야 비로소 아이는 자기 감정을 들여다봅니다.
그리고 거기서 변화는 시작됩니다.

 ## 걱정이 많고 불안한 아이

걱정이 많은 아이라면 함께
'걱정 평가표'를 만드는 것도 좋습니다.
어떤 일이 닥치기 전에 불안한 정도를
1~10점으로 미리 말해 보게 합니다.
가장 불안한 일은 10점, 별일 아닌 경우를 1점으로요.
그리고 일이 지나간 후 실제로는 몇 점이었는지 적어 봅니다.
불안이 많은 아이들은 실제보다 과장해서 불안을 평가합니다.
일의 실제적인 심각성에 비추어 볼 때
자기가 미리 생각한 불안이 알맞은 수준이었는지
꾸준히 평가하도록 하세요.
그리고 불안이 에너지를 잡아먹는다는 것도 알려 주세요.

"네 앞에 놓인 일을 몇 개로 나누어 보렴.
그리고 그중 한두 가지만 해도 괜찮아.
혹 시간이 남으면 나머지도 하고.
미리 겁먹고 물러나지 마.
대개 큰일, 처음 하는 일은 그 일 자체보다
그 일을 걱정하느라 대부분의 시간을 쓰지.
걱정하지 말고 우선 시작부터 해 보렴."

"가만히 보고 있어 보렴."
걱정하는 아이에게 하는 말.
아이들은 가만히 있는 것도,
그냥 지켜보는 것도 익숙하지 않죠.
특히 불안할수록 다른 행동을 해서
불안한 마음을 떨치려 합니다.
하지만 가만히 보고 있을 때
더 많이 알 수 있고
더 나은 해결책도 생각납니다.

불안한 부모의 아이는 불안이 높을 가능성이 큽니다.
메릴랜드 대학의 네이선 폭스 교수의 연구에 따르면
부모가 스트레스를 받을 때 의지할 사람이 있다면
아이의 불안한 기질이 점차 약해진다고 합니다.

불안이 많은 부모라면
종교인이든, 친구든, 상담자든
자신의 고민을 나눌 사람을 꼭 만들어 보세요.

미래는 알 수 없고 아이들은 불안합니다.
아이들이 기댈 부모들 역시
자기 내면의 불안을 다루는 데 익숙하지 않아요.
자신의 노력에 대해 믿음을 가지고
장기적 목표를 향해 뚜벅뚜벅 나아가지 못하고 있죠.
그래서 확인 가능한 결과에,
남과 비교할 수 있는 결과에 더 집착합니다.

요즘 아이들에게 물어보면
대부분 어른이 되고 싶지 않다고 말합니다.
어른이 되어 누릴 자유와 가능성을 말해 주면
책임과 두려움을 이야기합니다.
이 말 속에 우리의 현재와 미래가 담겨 있습니다.
아이들이 하루하루를 어떻게 살아가는지,
우리의 미래가 어떻게 될지 말해 주고 있습니다.

아이가 삶을 살 만하다고 느끼는 것이 우선입니다.
지금 잘 살고 있는지, 어떤 삶을 살아야 할지
따지는 것은 그다음이죠.
존재 자체에 회의를 느끼는데
이런 행동, 저런 행동이 문제라는 말이
얼마나 의미가 있을까요?
아이를 위해 밀어 주고 있다고 생각하지만
지금 아이가 서 있는 곳이 벼랑 끝일지도 모릅니다.

친구를 괴롭히는 아이

유치원에서 한 아이가 유독 대장 역할을 하려 합니다.
그 아이가 특별히 힘이 센 건 아니지만
하도 고집을 부리니 그 아이 뜻대로 되지요.
다른 아이가 대장이 되고 싶어 하면
놀이에 안 끼워 줍니다.
당하는 아이는 억울해하지만
그냥 귀찮아서 협조하기도 합니다.

이런 상황을 교사들이 알기 어렵습니다.
그렇게 시간이 지납니다.
아이들은 이렇게 생각하죠.

'역시 힘세고 자기 마음대로 하는 것이 좋은 것이구나.
나쁜 거라고 배웠는데 손해 보는 것도 없네.
야단도 안 맞고. 나도 앞으로 그래야겠다.'
이렇게 아이의 사회화가 이루어집니다.

부모와 교사가 이런 사실을 알게 된다 해도
'아이들이 놀다 보면 그럴 수도 있지.' 하고 지나갑니다.
그런데 이 시기가 도덕 교육에서 가장 중요한 때입니다.
자기 마음대로 좌지우지하면 안 되고,
사회는 그것을 용납하지 않는다는 것을 가르쳐야 합니다.

그러기 위해 유치원에서도 아이들이 겪는 관계 문제를
스스로 털어놓고 이야기할 수 있는 시간을 가져야 합니다.
자치 활동이지요.
교사가 그 상황에서 아이들을 관찰하고
인간관계의 기본적 태도를 배우도록 도와야 합니다.
그대로 내버려 두면 결국 약육강식이 내면화됩니다.

"친구들끼리 장난 좀 친 것인데 너무 예민하게 구네요."
부모들에게 자주 듣는 말입니다.
장난 좀 칠 수 있죠. 그것이 아이다운 모습인 것도 맞고요.
하지만 아이의 장난을 구별해서 봐야 합니다.
친구의 발을 걸어 넘어뜨리거나,
샤워할 때 몰래 뜨거운 물을 트는 등
다른 사람을 괴롭혀 즐거움을 얻는 장난은
심각하게 생각해야 합니다.
의도적으로 타인을 힘들게 해 재미를 얻어서는 안 될 일이죠.
이런 식의 장난과 말은 생각보다 오래갑니다.
나이를 먹으면 그 방식이 세련되게 변할 뿐 그대로 나타납니다.

아이들은 남을 괴롭힐 수 있어요.
어린 나이에 흔히 할 수 있는 일이에요.
그렇다고 그걸 내버려 두면 안 돼요.
그 순간이 교육의 시점입니다.
왜 괴롭히는지 찾아보고,
그 이유를 다른 방법으로 풀어 주고,
왜 괴롭히면 안 되는지 이해시켜야 합니다.
그래야 부모입니다.

부모의 사랑을 의심하는 아이

어떤 아이들은 사랑도, 자신도 잘 못 믿지요.
그래서 부모가 자신을 사랑하는지 시험합니다.
일부러 못되게 굴고, 맘대로 휘두르려 하죠.
너무 제멋대로 구는 게 아닐까 걱정될 정도로요.
하지만 아이들은 오직 사랑하는 부모에게만
그렇게 행동합니다. 사랑에 대한 불안의 표현입니다.

엄마를 독차지하려는 아이의 사랑,
부담스럽지만 행복하기도 합니다.
'누가 날 또 이렇게 사랑할까?' 하는 마음이 들죠.
그러나 아이는 꼭 배워야 합니다.
엄마는 독차지할 수 없다는 걸요.
부드럽게, 하지만 꾸준히 말해 주세요.
그러지 않으면 결국 상처를 받고,
어른이 되어도 그 모습 그대로입니다.

착한 아이란 부모가 바라는 행동을 스스로 하는 아이입니다.
아이는 얼른 부모에게 사랑받고 싶어서 착한 아이처럼 굴지요.
부모도 부모 뜻대로 쉽게 이끌 수 있기에 그런 아이가 좋습니다.
그렇게 아이는 '착한 아이'라는 가면을 씁니다.
하지만 가면 속의 아이는 자기답게 자라지 못합니다.

시간이 지난 후, 부모는 아이의 답답한 모습을 보며
그래도 착한 아이였기에 이만큼 자랐다고 스스로 위안합니다.
그러나 착한 아이 가면을 쓰지 않았다고
사랑받지 못하는 아이로 자라는 것은 아닙니다.
있는 그대로의 자기 모습대로 발전했어도 사랑받았을 거예요.
그저 빨리 사랑받고 싶어 그 가능성을 놓쳤을 뿐입니다.

부모들은 아이를 수없이 용서한다고 말합니다.
하지만 정작 더 많이 용서하는 쪽은 아이들이에요.
불안하기에, 사랑받고 싶기에 부모를 용서하고 받아들입니다.
아쉬운 것은 부모의 태도입니다.
아이가 부모의 요구를 받아들이는 건
그저 당연한 것으로 여기고,
받아들이는 데 조금만 주춤해도 너무 떼를 쓴다고 탓하지요.

밖에서는 모범생인데 집에서는 제멋대로 구는 아이가 있죠.
자기를 믿지 못하는 아이입니다.
남이 자기 모습 그대로를 좋아할 거라 믿지 못해
밖에서는 늘 긴장하고 조심합니다.
자신의 좋은 모습만 사랑해 줄 거라 생각하니까요.
그런데 가족에게는 거칠게 굽니다. 사랑을 확인하려고.
이런 아이에게는 부모가 무조건 자기편이라는 믿음을 갖게 하세요.
물론 옳은 행동이 무엇인지는 알려 줘야겠죠.
하지만 옳지 않은 행동을 해도 사랑한다는 걸 보여 주세요.
아이가 몇 번 시험하려고 할 거예요.
이 시험에 맞서 마음의 준비를 미리 하고 이겨 내야 합니다.
그러려면 부모에게 필요한 태도 한 가지,
아이의 행동과 아이 자체를 분리해 바라볼 수 있어야 합니다.

지금 아이가 당신의 등이나 팔에 매달린다면
그건 분명 아이가 당신을 사랑하고 있다는 표시입니다.
만약 밝게 웃으며 그렇게 한다면
자신이 사랑받을 것이라는 확신이 있는 겁니다.
이유 없이 징징거리며 그렇게 한다면
당신의 사랑을 통해 확신을 얻고 싶은 겁니다.

🕊

아이들은 늘 부모의 사랑을 의심합니다.
자신을 믿기엔 아직 어리니까요.
게다가 부모는 해 줄 말이 너무 많아
정작 사랑을 말할 겨를이 없습니다.
하지만 사랑한다는 말이, 믿음을 주는 말이
부모가 아이에게 할 가장 중요한 말입니다.
조금 낯간지럽지만 한번 해 보세요. 효과 만점입니다.

🕊

아이에게 쪽지로 마음을 표현해 보세요.
포스트잇이나 예쁜 메모지에 직접 편지를 써 주세요.

"오늘 아침 네가 학교 가는 뒷모습을 보니
마음이 뿌듯하고 아들 잘 낳았다는 생각이 들었어."
"낮에 칼국수를 먹는데 네 생각이 나더라.
맛있는 건 꼭 너랑 같이 먹고 싶어져."

조금 낯간지럽고 쑥스럽다고요?
하지만 당신도 그런 쪽지를 받으면
기분이 좋을 겁니다.

 실패를 경험한 아이

"너는 실패자가 아니야. 이번 일에서 실패했을 뿐."
실패는 누구에게나 힘든 일이죠.
아이들은 경험이 많지 않아 한 번의 실패를
자신에 대한 전반적인 평가로 연결하곤 합니다.
그 결과, 실패가 두려워 시도를 안 하기도 하죠.
실패는 그저 과정이라는 것을 늘 말해 주세요.

일이 뜻대로 풀리지 않아 속상해하는 아이에게 이야기합니다.
지금 갖게 된 것보다 놓쳐 버린 것이 크게 보이겠지만
그럴수록 지금의 자기를 사랑하도록 이야기합니다.

"한 개를 얻고 다섯 개를 잃을 때도 있는 거야.
한 개를 잃고 다섯 개를 얻을 때도 있듯이.
어쨌든 잃은 다섯 개보다 얻은 한 가지에 집중하렴.
소중히 여기지 않으면 그조차 얻지 못할지도 몰라.
그리고 어쩌면 그 한 개가 정말 소중한 것일지도 모르고."

실패한 아이도 불안합니다.
부모가 화를 내면 아이는 더 불안해져요.
아이의 잘못에 화를 내지 않고도
얼마든지 아이를 교육할 수 있습니다.
부모가 할 가장 중요한 일은
아이가 자기에 대한 믿음을 갖도록 돕는 것이죠.
자신이 나아지고 있다는 믿음,
이 모든 게 발전하는 과정이라는 믿음만
심어 준다면 부모의 할 일은 다한 겁니다.

실패를 탓하는 방식으로 키우지 마세요.
아이들은 원래 실패를 두려워합니다.
부모까지 나서서 자극할 필요가 없습니다.
실패를 더 두려워하면 결국 시도조차 안 할 뿐.

"대개는 그저 그렇게 돼.
하지만 계속 하다 보면 멋진 결과도 얻지.
그래서 세상이 살 만한 거야."

어른들에게 실패하는 모습을
보이려 하지 않는 아이들이 많습니다.
그래서 아예 시도조차 하지 않고,
늘 주변부를 돌며 불만에만 가득 차 있는 아이들.
그런 아이들에게 늘 이야기합니다.

"실패는 아무것도 아냐. 모두 어른이 되는 과정이야."

아이의 실패를 미소 지으며 격려하세요.
그 미소에 아이가 자라납니다.

"약점을 인정하면 남들에게 한심하게 보일 거라 걱정하고 있구나.
그렇지 않아. 약점을 드러내고, 실패를 인정할 때
사람들은 너를 더욱 존중한단다.
**스스로를 존중하고 만족하는 사람만이
자신의 약점과 실패를 인정할 수 있거든.**
그걸 다 알기에 그런 사람을 존중하게 되지.
물론 너의 약점을 집어내 상처를 주는 친구들도 있어.
대개는 가장 약한 친구들일 뿐이야.
자신의 약점을 인정하지 못해 발전이 어려운 친구들이지."

"상황이 안 좋을 때는 꼭 기억하렴.
이 시간도 한때에 불과하단 걸.
지금은 지금일 뿐이야.
살다 보면 밀릴 때도, 질 때도 있어.
실패한다고 패배자는 아냐.
불안할 때는 아빠에게 와서 이야기하렴.
솔직한 대화는 힘들 때 정말 큰 힘이 되거든."

승부에 집착하는 아이

아이들은 승부에 지나치게 매달립니다.
그래서 부모는 승부보다 태도를 가르쳐야 합니다.

"항상 이길 수는 없어.
하지만 이기든 지든 페어플레이를 하는 것은 가능해.
반칙을 피하고, 최선을 다해 경기를 해 보렴.
경기가 끝나면 상대에게 웃어 주는 거야.
이기는지 지는지가 중요할 것 같지?
지나고 보면 알아. 그건 작은 부분에 불과해."

"친구들은 네가 이겼는지, 몇 골을 넣었는지 기억하지 않아.
너와 경기를 했을 때 재밌었나를 기억하지.
사람들은 자기 일은 이겼는지 졌는지를 중요하게 생각하지만,
남에 대해서는 같이 놀 때 어땠는지 태도를 기억한단다.
이기고 싶은 네 마음은 알아.
하지만 같이 경기할 친구가 없으면 무슨 소용이겠니?"

요즘은 아이들에게 운동을 많이 시킵니다.
그러다 보면 시합에도 나가게 되죠.
그중 수영과 같은 순위 경기는 때론 잔인합니다.
아이가 열심히 연습했다는 것만으로 만족하길 바라지만
밀려난 순간의 좌절감은 만만치 않으니까요.
이때 부모로서 할 일은
아이가 그 순위가 곧 자신이라 느끼지 않도록
담담한 모습을 보여 주는 것입니다.

"울지 마. 다음엔 네가 이길 거야."
이렇게 아이를 토닥이는 부모가 많습니다.
그 대신 이렇게 말해 주는 건 어떨까요?

"속상하지? 지는 건 참 괴로운 일이야."

감정을 멈추라는 위로는 좋지 않습니다.
게다가 미래는 알 수 없는 법이죠.
지나친 위로는 오히려 아이를 두렵게 만듭니다.

경기에서 실수를 하고는
풀죽어 있는 아이를 보면 마음이 아픕니다.
뭐라 위로할까 막막하죠.
그럴 때 남자아이라면 이렇게 위로합니다.

"넌 그저 공을 빼앗긴 거야.
무엇보다 저 친구의 태클이 좋았어.
네 드리블이 약간 길었던 실수도 있지만.
그렇다고 게임에 진 건 아냐.
네가 공을 빼앗겨 한 골을 먹었다고?
그래도 경기가 끝난 건 아냐.
넌 지금 경기장에서 뛰고 있어.
그리고 공이 널 기다리고 있고."

실수를 저지른 아이

"네가 실수한 걸 속상해하는 마음은 대견해.
더 잘하려는 태도는 정말 소중하지.
하지만 네가 잘한 걸 인정하는 것도 그만큼 중요해.
사과 껍질을 잘 깎는 것도 중요하지만
네가 맛난 사과를 갖고 있었다는 걸 잊어선 안 돼.
잘못 깎았다고 사과까지 버리려 하면 곤란해."

아이들도 자신이 실수한 것을 속상해합니다.
실수 때문에 좌절해 아예 포기하려고 할 때도 있죠.
그럴 때는 부모의 균형 잡힌 시선을 보여 주세요.

실수야말로 가장 좋은 배움의 방식입니다.
실수로 배운 것은 머리가 아닌 몸에 새겨지거든요.
요즘은 부모가 아이의 일거수일투족을 관리하면서
아이가 실수도 하지 않고 자라기를 기대합니다.
작은 실수에도 무척 속상해하지요.
알고 보면 이것이 거대한 실수입니다.

아이의 실수는 그저 실수로 다뤄 주세요.
"도대체 왜 이러니?"
이렇게 질문하면 아이는 답하기 어렵죠.
실수에 이유가 있을 수 없으니까요.
더군다나 실수했다는 이유로
한심한 아이, 나쁜 아이로 몰고 가지 마세요.
그것은 분명 부당한 일입니다.
그리고 부당하게 비난받은 아이는
부모의 공정함과 권위를 의심합니다.

🐦

문제에 부딪힌 순간, 우리의 본능적 반응은 '왜?'입니다.
그러나 그 순간 더 나은 질문은 '어떻게?'죠.
"너 왜 그랬어?"보다는
"이제 어떻게 할까?"가
문제를 해결하는 데 더 낫습니다.

'왜?'는 서로의 마음에 화를 불러오기 쉬운 질문입니다.
그러니 마음이 차분해진 뒤에 해야 합니다.

🐦

아이는 당연히 실수할 수 있어요.
그러나 그 실수가 반복되면
부모가 냉정하게 아이의 행동을 제한해 줘야 합니다.
냉정해야 한다고 결심이 서면
분명한 태도로 아이의 요구를 거절하세요.
무엇보다 부모가 확신을 갖고 있어야 합니다.
너를 위해 다 해 줄 수 없음을,
네가 속상한 것을 알지만 부모는 어쩔 수 없음을
아이에게 느낌으로 전해야 합니다.

부모들은 은근히 아이에게 완벽주의를 주입합니다.
아이가 실수를 줄이고 최선의 노력을 하길 기대합니다.
하지만 아이에게 주입된 완벽주의는
아이가 새로운 일을 시작하는 걸 두려워하게 만들죠.
시작을 미루고, 시작한 뒤에도 사소한 것에서 힘을 뺍니다.
새로운 방법과 창의성은 기대하기 어렵죠.

아이에게, 그리고 스스로에게
이만하면 충분하다고 자주 이야기해 주세요.
놀랍게도 스스로에게 너그러워질 때
오히려 앞으로 더 나아갈 힘이 생깁니다.
웃으면서 아이를 있는 그대로 인정해 줄 때,
아이는 도망가거나 부담을 느끼지 않고 다음 일을 해냅니다.

자신감이 약한 아이

자신감은 칭찬으로 자라지 않습니다.
어떤 목표를 달성했다고 커지지도 않습니다.
스스로 노력해서 성취한 경험만이 자신감을 키웁니다.
아이의 자신감을 키워 주고 싶다면
스스로 시도하게 격려하세요.
평소보다 좀 더 노력하여
무언가를 성취하는 경험을 갖게 도와주세요.
성취의 수준은 중요치 않습니다.
내가 한 것, 나 스스로 이룬 것이란 느낌이 중요합니다.

자신감은 자기를 믿는 마음입니다.
그런데 뭘 믿을 게 있어야 믿는 법이지요.
겉모습은 화려해도 남이 다 해 준 거라면
자기의 무엇을 믿겠습니까?
혼자서 뭔가 할 수 있다는 마음이 자신감을 만듭니다.
아이에게 도움을 주려면 눈에 안 띄게, 아이가 모르게 하십시오.

🐦 자신감이 약한 아이에게 '보물 수첩'을 만들어 주세요.
이 수첩에는 아이가 성공한 일을 기록합니다.
작은 것이라도 자기 힘으로 해낸 것,
걱정했지만 결국 잘 해결한 일을 꾸준히 모아 보세요.
자신감이 약한 아이들은 안 좋은 일을 더 잘 기억하죠.
하지만 이 수첩을 잘 적어 간다면
그런 기억의 왜곡을 쉽게 뒤집을 수 있답니다.

🐦 "네가 오늘을 열심히 살면 다른 사람의 인정은 필요 없어.
너를 인정할 사람은 너야.
네 삶이 그냥 널 인정하는 거지.
다른 사람의 말과 시선, 참고하고 돌아볼 자료는 돼.
하지만 그게 네 삶의 이유는 아냐. 근거는 더욱 아니고."

"자신감이 어떻게 생길까?
높은 점수나 등수? 부모님의 칭찬?
물론 도움이 되지. 그러나 효과가 오래가지 않아.
자기가 계획한 걸 매일매일 지킬 때 자신감이 생겨.
난 결심한 건 꼭 한다는 마음이 자신감의 기본이야.
무리하지는 않아도 돼. 하지만 너를 적당히 봐주지도 마."

용의 꼬리가 좋을까요?
아니면 뱀의 머리가 나을까요?
제 경험으로는 아이들에겐
용의 꼬리보다 뱀의 머리가 낫습니다.
자신이 괜찮은 사람이라고 인정받고,
집단을 주도할 기회를 갖는 경험이
겨우겨우 힘들게 따라갈 때보다
아이들의 성장과 발달에 도움이 됩니다.

부모들은 어떻게든 상위 그룹에 넣으려 하죠.
그것이 오히려 아이의 발달에는 해롭습니다.

자존감이 약한 아이는 비판을 받으면
방어하느라 온 힘을 다 하지요.
상대방 말의 꼬투리를 잡아 반박하거나
"너는 어때서?" 하며 역공을 합니다.
그러고는 자기편을 찾아 위안을 받죠.
왜 나에게 비판을 하는지 찾아보고 돌아봐서
자기를 튼튼히 할 마음의 여유가 없습니다.

아이들의 이런 방어를 줄이려면
우선 편을 들어 주며 이야기하세요.
직설적으로 공격하면 역효과만 납니다.
편을 들어 줄 때에야 비판에 비로소 눈이 갑니다.

아이가 잘못을 하고도 하지 않았다고 할 때 화가 납니다.
하지만 따져서 굴복시킬 필요는 없어요.

"너도 그 행동이 잘못이라고 생각하는구나. 그럼 됐어.
앞으로 그 행동은 하지 말자. 아빠에게 약속해 주렴."
우리에게 중요한 건 아이의 과거가 아니라 미래의 행동입니다.

자신을 탓하는 아이

자학은 문제를 회피하는 또 하나의 방법입니다.
아기들은 머리가 아플 때 스스로 머리를 때리곤 해요.
통증을 유발해 다른 통증을 느끼지 않으려는 행동이죠.
힘든 문제에 부딪힌 아이는 스스로를 더 거칠게 비난합니다.
말로 자신에게 상처를 내었기에 행동은 안 할 수 있죠.
아이가 스스로를 탓할 때면 단호하게 멈추게 하세요.
"너를 탓할 필요 없어. 이 문제를 어떻게 할지만 생각하자."

"과거의 시간이 아까운 게 아냐.
제일 아까운 건 바로 지금이야.
네가 후회하고 자책하며 보내는 이 시간이야.
어떻게 후회하지 않을 수 있느냐고?
그래, 과거에 낭비했던 시간을 후회할 만해.
그런데 이렇게 후회하고 있으면 결국 또 후회할 거야.
후회하느라 낭비한 지금 이 시간에 대해."

자기 인생은 온통 엉망이라고 말하는 한 아이.
약한 모습을 보이기 싫어 더 위악적으로 행동했죠.
그 아이의 눈을 정면으로 보며 말해 주었습니다.

"사람들은 네 과거를 보고 널 판단하겠지.
하지만 난 그렇게 하지 않을래.
그런 일들이 있던 과거에서
너는 더 이상 살아가지 않을 테니까.
네가 살아갈 미래가 나는 중요해.
하지만 그렇게 궁금하지는 않아.
그 시간은 나와 만들어 가며
우리가 함께 느낄 시간이니까."

숨기고 싶은 과거보다는
미래를 보라고 말하고 싶었습니다.
그리고 그 미래도 함께 만들어 갈 것이라고,
겁먹지 말고 함께 가자고 격려하고 싶었습니다.

에세이

{ 아이의 고통은 아이의 몫 }

 자신의 아이가 고통을 느끼기를 바라는 부모는 거의 없을 것입니다. 비록 자신은 괴로운 상황에 놓여 있더라도 아이만큼은 상처 없이 크기를 바라는 것이 부모의 마음이죠.
 고통은 받아들이기 괴로운 현실에서 시작됩니다. 내일의 날씨를 언제나 예측할 수 있다면 비를 맞을 일도, 따가운 햇볕에 고생할 일도 없으련만 우리에겐 안타깝게도 그런 능력이 없습니다. 그런데 현실에선 비나 따가운 햇볕보다 더한 일들이 얼마든지 일어날 수 있고 일어나곤 합니다.
 요즘에는 아이가 상처를 받을까 봐 미리 겁먹고 보호하는 부모가 많습니다. 선생님에게 지적을 받을까 봐 아이가 못하는 숙제를 대신해 주고, 친구들에게 밀릴까 봐 운동도 미리 연습시켜 학교에 보내죠. 아이는 상처받는 것조차 허락되지 않는 것이죠. 물론 이런 부모의 마음은 아이를 사랑하는 마음입니다. 하지만 부모가 미리 막아 주는 것이 상처나 고통만은 아닙니다. 아이가 스스로 성장하고 성숙해질 기회도 막고 있는 것이죠.

그렇다고 요즘 부모들이 아이에게 고통을 주지 않는 것은 아닙니다. 고통을 겪게 하지 않기 위해서란 명분 아래 아이에게 고통을 줍니다. 아이가 스스로 현실에 부딪쳐서 배울 기회는 빼앗고, 상처 입지 않을 아이로 키우려고 부모가 아이에게 고통을 줍니다. 부모가 주는 상처는 아무렇지도 않게 생각하면서 다른 곳에서 상처를 받으면 견디지 못합니다. 아이 인생의 주인이 누구인지 모르는 상황이죠. 부모는 자기도 모르게 아이 인생의 운전사가 되고, 아이는 그저 부모가 운전하는 기계가 되고 맙니다.

저는 가끔 아이들에게 진료실의 아령을 들어 보라고 하며 이야기를 나눕니다. 가벼운 장난감과 무거운 아령 중에 어떤 것을 들어야 알통이 더 커질 수 있을까 물어보죠. 아이들도 다 압니다. 비록 힘이 들고 때로는 고통스럽지만 무거운 아령을 들었을 때 근육이 생긴다는 것을요. 고통이 지나쳐서 아이에게 해를 줄 정도가 아니라면 고통이야말로 발전의 가장 좋은 친구입니다.

살면서 입게 되는 여러 가지 상처도 마찬가지입니다. 친구 관계에서 오는 갈등이나 중요한 시험에서의 실패, 그리고 가족의 해체까지 그 순간의 고통은 말로 표현할 수가 없죠. 지금까지 한 번도 겪어 보지 못한 불안을 경험한 탓에 한참 동안이나 현실에서 물러나 있어야 할 때도 있습니다. 하지만 그렇게 커다란 고통 역시 시간이 지나면 대부분의 경우 가라앉기 마련입니다.

 게다가 다행스러운 점이 있다면 고통도 때로는 힘이 된다는 사실입니다. 실제로 많은 위대한 인물들이 불행한 어린 시절을 딛고 자신의 미래를 만들었지요. 아이들은 현실과 부딪치면서 의미를 구성합니다. 버거운 현실이더라도 의미를 구성할 수 있다면 아이는 한 뼘 더 성장하지요. 비록 그 현실 전체를 돌파하지 못했더라도 부딪치는 과정에서 신체적이든, 지적이든, 자기를 다스리는 능력이든 자기 발전을 가져올 수 있습니다.

 그 과정에서 부모가 아이를 통째로 들어서 결승점에 데려다 놓을 수는 없습니다. 힘들어 비틀거리고, 때론 피를 흘려도 아이가 가야 할 길이죠. 물론 지나치게 피를 흘린다면 부모가 끼어들기도 해야 하고, 전문가의 도움도 필요할 것입니다. 그러나 이 경우에도 고통을 견뎌 내야 하는 이는 바로 아이입니다.

 부모에게 가장 어려운 순간이 고통을 겪는 아이를 지켜보며 옆에 머무르는 시간입니다. 고통을 당할 것을 알면서 강하게 막아서지 않고 아이에게 기회를 주는 순간입니다. 정말 쉽지 않은 순간입니다.

저는 그럴 때면 언젠가 본 미켈란젤로의 피에타 상을 떠올리곤 합니다. 숨을 거둔 예수 그리스도를 품에 안고 하염없는 슬픔으로 바라보는 마리아의 모습. 마리아라고 죽음으로 가는 아들 예수를 보며 왜 당장 막아서고 싶지 않았겠습니까? 하지만 믿었기에 막지 않았고, 그 믿음이 위대한 결과를 낳았습니다.

저 역시 그런 위대한 부모는 아닙니다. 하지만 적어도 아이에게 상처받을 자유, 스스로 고통을 감수하고 삶을 배울 자유를 조금은 주려고 노력합니다. 그게 분명 더 큰 사랑이라고 생각하니까요.

흔들리는
부모의 마음

자기 마음속 어두운 곳을

두려워하지 마세요.

이제 빛이 필요한 곳일 뿐이랍니다.

처음 빛을 비추면 그 모습에 놀랄지 몰라요.

오랫동안 버려져 있던 곳이니까요.

하지만 그곳도 원래는

지금의 밝은 곳과 마찬가지로

내 마음의 일부였습니다.

그동안 빛을 비추지 않아 어두웠을 뿐.

아이에게 미안한 마음뿐이에요

직장을 다니는 엄마라면, 게다가 아이가 어리다면
아침에 아이를 두고 나오는 것이 쉬울 리 없습니다.
대부분의 엄마들은 아이가 얼마나 힘들겠냐며 마음 아파합니다.
아이는 물론 힘들어요.
하지만 엄마 자신이 이별이 힘들기에
그 마음을 아이에게 투사하는 경우도 적지 않습니다.

아이와 영원히 헤어지는 것은 아닙니다.
잠시 헤어져 서로에게 필요한 다른 일을 하는 것이죠.
미안해할 일이 아니에요.
이 역시 아이를 위한 것입니다.
아이에겐 조금 힘든 순간이겠지만 받아들여야 할 일입니다.
미묘하게 전달하는 미안한 감정이
상황을 악화시킬 수 있어요.

숨바꼭질 놀이는 이별에 대한 연습입니다.
보이지 않지만 사라진 건 아니라는 것,
헤어졌지만 다시 만난다는 것.
이 경험을 놀이를 통해 반복하며 아이는 두려움을 이겨 냅니다.
아이는 헤어짐이 두렵습니다.
잠자기가 두렵고 유치원 가기가 두렵죠.
어린아이와 잠시 떨어져야 할 일이 있다면
함께 숨바꼭질 놀이를 많이 해 보세요.
아이가 부모와 떨어지는 걸 좀 더 잘 이해할 거예요.
그리고 부모가 언제 갔다 언제 올지 여러 번 말해 주세요.
그 순간에는 받아들이지 못하고 울더라도
미리 말하는 편이 낫습니다.

부모는 아이가 슬퍼하면 불안해져요.
빨리 해결해 주고 싶죠.
하지만 아이가 감정을 깊이 느낄 때까지 기다려 주세요.
감정을 충분히 경험해야 마음이 깊어집니다.
감정을 두려워하는 부모 밑에서 자란 아이는
메마른 감성의 아이가 되기 쉬워요.
타일 바닥같이 깔끔하지만 마음이 차가운 아이가 되기 쉬워요.

아이 마음을 이해하는 것과 아이에게 미안해하는 건 달라요.
부모가 생각하는 올바른 길도 아이는 힘들어할 수 있어요.
그때 아이가 느끼는 괴로움에는 공감해 줘야 합니다.
하지만 물러설 수 없는 일, 부모가 고집을 부려야 할 일도 있지요.
부모의 마음이 자칫 약해지면 그 틈새로 아이가 파고듭니다.
한없이 아이가 안쓰럽지만 내 자리를 지키는 것도 부모의 일이에요.

그러니 미안한 마음을 갖지 마세요. 죄책감도 안 돼요.
미안함은 내 표정과 눈빛으로 아이에게 전달됩니다.
미안해할 것 없어요. 할 만큼 했다면 당당하세요.

부모가 미안해하면 아이는 조릅니다.
조르는 것이 부모의 죄책감을 줄이고, 부모를 돕는 거라 생각합니다.

아이에게 심한 말을 한 뒤 자책합니다.
또 잘못 말하고 또 자책합니다.
아이에게 잘못한 일을 자책하는 것,
아이를 위한 행동은 아닙니다.
내게 작은 벌을 주어 그저 내 마음의 불편을 덜기 위한 행동이죠.
결국 나를 위한 것일 뿐입니다.
아이를 위하고 싶다면 자책은 답이 아닙니다.
차라리 앞으로는 어떻게 말할지 연습하세요.
아이에게 할 새로운 행동을 연습하세요.
그래야 변합니다.

좋은 부모가 아니라고 자책하지 마세요.
좋은 부모가 과연 있기는 할까요?
마찬가지로 좋은 자식도 찾기 어려워요.
확실한 것은 한 가지.
서로 모자란 모습 그대로 사랑하고 있다면
좋은 가족이에요.

아이가 내 뜻대로 안 돼요

아이가 뜻대로 안 따라 준다고 욕심을 버릴 필요는 없어요.
욕심을 버리지 말되 욕심에 매이지도 마세요.
욕심낸다고 욕심대로 되는 건 아니잖아요?
차라리 욕심이 실현되도록 계획을 잘 세워 봅시다.
그래야 한발 나아가 조금이나마 이루고,
거기에 또 기운을 얻어 다음 걸음을 내딛습니다.

다행히도 아이에겐 시간이 있고
부모에겐 끈기만 있으면 됩니다.
힘든 순간은 피할 수 없고, 변화에는 시간이 필요하지요.
하지만 버티면 넘어가고, 버티면 나아지는 것이 육아입니다.
어찌 보면 이처럼 쉬운 게임도 없어요.
버틴다고 나아지는 일이 우리 현실에 얼마나 있겠습니까?

아이가 좋지 않은 행동을 했을 때
부모가 선택할 수 있는 방법은 딱 세 가지입니다.

첫째, 화내는 것.
둘째, 교육하는 것.
셋째, 그저 놔두는 것.

결국 이 중 하나를 고르는 것입니다.
주의할 점이 한 가지 있어요.
화를 내면서 교육하고 있다고 착각하지는 말아야 합니다.

화내기와 교육은 두 가지 차이가 있어요.
첫째, 준비하고 계획한 것인가?
교육은 무엇을 이용해 어떻게 가르칠지
미리 준비한 것입니다.
둘째, 아이의 입장에 서 있나?
아이를 위해서 한다고 말하지만
화는 결국 내 감정을 못 이겨 터뜨리는 것입니다.
진짜 아이의 발전을 위해 말하는 것이라야
비로소 교육입니다.

감정 조절은 누구나 힘들어요.
강하게 자극을 받았을 때는 더더욱 잘 안 되지요.
교육은 감정적인 순간을 잘 넘기고
내가 준비한 시간에, 준비한 모습으로 다가가는 것입니다.

당장 가르칠 필요는 없어요.
진짜 문제라면 반복해서 일어납니다.
반복적으로 일어나지 않는다면
굳이 가르칠 필요도 없을 것이고요.
어떻게 가르칠지 충분히 고민해 보세요.
내가 준비가 되었을 때, 그때 아이와 약속을 잡으세요.
그리고 감정에 흔들리지 않는 모습으로
아이에게 다가가세요.

아이에게 '안 돼.'라는 말을 수만 번 해야 하는 게 육아입니다.
같은 일에 대해서도 몇 번을, 하루에도 수십 번을 하게 되죠.
바로 그것이 부모에게 주어진 역할입니다.
그래서 그 말을 하며 담담한 마음을 유지하는 것이 중요합니다.
그래야 짜증 내지 않고 아이의 요구를 가볍게 거절할 수 있죠.

아이는 조를 수밖에 없고,
안 되는 일도 도전하려는 마음을 가져야 합니다.
부모는 막을 수밖에 없고, 안타깝지만 포기하게 만들어야 합니다.
아이가 못된 것도, 부모가 잘못인 것도 아닙니다.
각자 자기 역할을 하는 것이죠.

아이에게 잘못을 꾸짖을 때는 같은 꾸지람을
앞으로 몇 번, 아니 수십 번을 할 수도 있다고
미리 생각하고 있어야 합니다.
한두 번 꾸짖어 아이의 생각이,
더 나아가 행동이 정말 변하리라 생각하나요?
사람은 그리 쉽게 변하는 존재가 아닙니다.
부모들은 자신이 잘못된 기대를 하고, 그 기대가 어긋나서 실망하고는
책임은 아이에게 미룹니다. 그것은 너무 잔인합니다.
현실적인 기대를 가져야 나와 아이를 지킬 수 있습니다.

두 종류의 부모가 있습니다.
아이가 자기 말을 안 들을 수도 있다고 생각하는 부모와
아이가 자기 말을 어떻게 안 들을 수 있느냐고 생각하는 부모.
두 부모는 아이의 잘못에 대해 야단치는 강도 역시 다릅니다.
후자의 경우 아이가 말을 안 듣는 것을
부모를 공격하는 것이라 생각하지요.
그래서 스스로를 보호하기 위해 아이에게 진짜로 화를 냅니다.

가만 생각해 보세요.
아이의 잘못에 대해 진짜로 화낼 이유가 있는지요?
짐짓 화난 척 꾸짖을 수는 있겠지요.
화가 난다는 것은 자기가 공격받았을 때의 반응입니다.
아이에게 화가 난다는 것은
아이의 잘못을 부모에 대한 공격으로 느낀다는 것.
하지만 대개의 아이들에겐 부모를 공격할 의도가 없습니다.

말을 안 듣는 것은 그저 자기가 더 소중해서
자기 하고 싶은 대로 해 버린 것에 불과합니다.
자기 생각이 소중한 것은 아이나 부모나 마찬가지죠.
부모가 할 일은 아이의 생각을 바꿔 주는 일입니다.

한 엄마가 며칠을 걸어 간디를 찾아가 물었습니다.
"아들이 몸에 좋은 음식은 안 먹고 설탕만 먹습니다.
뭐 좋은 방법이 없을까요?"
간디는 엄마에게 일주일 뒤 아들과 함께 오라고 했습니다.
교통이 나빠 아들을 데리고 다시 간디를 만나러 가는 데만
꼬박 일주일이 걸렸습니다.
간디는 아이를 보고는 "설탕을 먹지 마라."고 말했습니다.
엄마는 황당해서 물었습니다.
"아니, 그 말이라면 지난주에도 할 수 있었는데
왜 이런 고생을 시킨 겁니까?"
간디가 답했지요.
"지난주에는 저도 설탕을 먹고 있었어요.
일주일 동안 끊었으니 말할 자격이 생겼습니다."

아이에게 말을 하는 건 참 쉽습니다.
그러나 말이 무게를 가지기란 참 어렵습니다.
나 자신에게 먼저 물어봤을 때 당당할 수 있어야 합니다.
어린 시절의 나를 돌아보며 떳떳한가 생각해야 합니다.
그렇지 않다면 솔직하게 자기를 인정하며 말해야 합니다.
그래야 말에 진실함이 담깁니다.
그 진실함이 말에 힘을 실어 줄 것입니다.

아이와의 싸움에서 지고 싶지 않아요

아이들은 약한 부모를 좋아하지 않아요.
강한 부모를 좋아하죠.
그런데 강한 부모가 엄하고 폭력적인 부모는 아닙니다.
당신이 생각하는 강한 사람은 어떤 사람인가요?
거칠고 폭력적인 사람은 아니지 않나요?

부모들은 아이에게 지지 않으려고 합니다.
그래서 아이의 공격에 거칠게 맞서죠.
그러나 그 마음이 이미 약한 마음입니다.
아이는 내 아이, 내 작은 아이에 불과합니다.
나의 경쟁 상대가 아닙니다.
아이와의 싸움은 이기고 지는 싸움이 아닙니다.
이걸 아는 부모가 강한 부모입니다.
아이가 좋아하는 부모입니다.

부모가 불안하니까 아이를 더 누르려 합니다.
그러면 아이는 눌릴까 봐 불안해 더 튀어 오르죠.
나의 불안이 아이의 불안을 낳은 것입니다.
아이를 눌러서 이길 수 있을까요?
자신이 있다면 한번 눌러 보세요.
얼마 지나지 않아 힘에 부친 자신을 발견할 것입니다.
그냥 적당히 상황을 넘겨 보세요.
알고 보면 불안한 것도 아이,
세상과 맞서는 존재도 아이입니다.
내가 맞선다고 착각하니 힘든 겁니다.
아이와의 싸움은 이길 수 있는 경기가 아닙니다.
아이에게 이기는 것을 포기해야 지지 않아요.

아이에게 지는 것과 한 걸음 뒤로 물러나는 건 다릅니다.
지는 것은 아이에게 굴복하는 것입니다.
한 걸음 뒤로 물러나는 것은 싸움 상대로 여기지 않는 거지요.
아이와 부모는 서로 싸울 상대가 아닙니다.
때로는 아이가 부모에게 인정받으려 싸움을 걸 때가 있죠.
그때에도 맞서 싸우기보다는
뒤로 물러나서 아이를 인정해 주세요.

"나와 싸울 필요 없어.
난 네 생각도 옳은 점이 있다고 생각해.
다만 뭐가 더 좋은 방법인지 같이 찾아보자."

아이가 부모를 공격하는 것은 누구의 살못인지 나서
자기를 보호하려는 마음 때문만은 아닙니다.
자기가 처한 현실에 부딪치는 것이 겁나서일 수도 있어요.
부모와의 갈등 속에 숨어 현실에 달려들지 않으려는 거죠.
그때 부모가 해야 할 일은 아이와의 싸움이 아닙니다.
아이가 부모가 아닌 현실에 부딪치도록 격려해야 합니다.

아이가 싸워야 하는 상대는 세상입니다.
세상과 부딪치며 아이는 자기를 만들어 갑니다.
어떤 아이는 아침에 일어나기 힘들어하고
어떤 아이는 숙제를 스스로 하지 못합니다.
어떤 아이는 친구들과 잘 지내지 못하죠.
이 모든 것이 아이와 세상과의 싸움입니다.
이 싸움이 어렵고 막막하기에 아이는 자주 도망가고 싶어 합니다.
그리고 도망가는 방법은 부모와의 싸움입니다.

그런데 부모는 또 때맞춰 등장합니다.
세상의 대변자라도 된 듯 아이를 야단치지요.
"학교에 늦으면 어떻게 하니?"
"숙제도 안 해서야 뭐가 되려고 그래?"
"친구에게 말을 함부로 하니 만날 싸우지."
아이가 할 수 있게 도와야 하는데
부모 먼저 불안하니 그저 아이를 탓하기만 합니다.

이제 아이는 자기를 공격하는 부모와 다툽니다.
부모와 다투니 편해집니다.
부모는 눈앞에 보이는 상대이고 때로는 이길 수도 있으니까요.
그 결과 아이는 세상과 싸우며 한 뼘 더 자랄 기회를 잃게 되지요.

아이의 앞에 서서 아이와 다투지 마세요.
부모의 자리는 아이의 바로 옆이나 뒤입니다.
아이가 세상과 싸우느라 힘들 때
그저 옆에서 함께 걱정해 주고, 뒤에서 격려하세요.
그래야 아이가 세상과 부딪치며 자랄 수 있습니다.

사랑하는 사람과 싸울 때는 눈을 쳐다봐야 합니다.
올려다보거나 내려다보는 위치는 좋지 않아요.
팔짱을 끼거나 다리를 꼬는 것도 피하세요.
자기를 닫아 두려는 몸짓은 피해야 합니다.
상대가 소중하다는 마음이 있다면
이렇게만 해도 과도한 흥분은 피할 수 있어요.

그런데 아이들은 이렇게 하는 게 어렵습니다.
아이들은 대개 부모의 눈을 오래 바라보지 못해요.
만약 아이들이 부모의 눈을 오래 바라볼 수만 있다면
많은 부모들은 그 눈빛 때문에라도 화를 쉽게 풀 수 있을 텐데요.
아이가 보지 않기에 부모들은 더 많이 흥분합니다.
마음을 모르니 더 흥분하지요. 참 안타까운 일이에요.

왜 내 말이 안 먹힐까요?

'아, 왜 내 말이 안 먹히지?'
속상한가요?
아이가 말을 안 들으면 몇 번이나 반복해서 말하면 될까요?
여섯 살부터 초등 4학년까지는 두 번만 말하세요.
단 아이 앞에 가서 아이가 내 얼굴을 보게 한 후 말하세요.
두 번 말해도 안 듣는다면 잔소리보다는 불이익을 받게 하세요.
2, 3일 정도 좋아하는 무언가를 못 하게 하는 것도 하나의 방법이죠.

좋지 않은 방법은 이런 것입니다.
첫째, 멀리서 아이를 부르며 이야기하는 것,
둘째, 대여섯 번까지 잔소리를 하다 결국 화를 내는 것,
셋째, 잠깐 야단치기만 할 뿐 불이익은 주지 않는 것이죠.
말이 많으면 말의 값이 떨어집니다.
정당한 권위도 사라지죠.
정확히 전달하되 말은 줄이세요.

추운 겨울, 초등학생인 아이가 목도리를 하지 않고 밖에 나갑니다.
엄마는 감기 든다고 목도리를 두르라고 하고, 아이는 싫다고 합니다.
싸우더라도 끝내 목도리를 두르게 해서 내보내야 할까요?
아니면 감기가 걸려도 자기 뜻대로 하게 놔둬야 할까요?

목도리를 하지 않겠다고 우기는 아이는 말을 안 듣는 아이일까요?
뻔히 안 좋은 결과를 피하라고 부모가 가르치는데
굳이 고집을 피우는 못된 아이일까요?
아닙니다. 그저 자기 스스로 경험하고 그를 통해 배우려는
우리 인간의 보편적인 특성을 보이는 것일 뿐입니다.
그런 아이에게 '나쁜 아이' 굴레를 씌우는 것이 부모일 뿐입니다.

자기 행동의 결과를 스스로 느끼게 해서 가르치는 것이 쉽진 않아요.
하지만 효과는 그 어떤 교육법보다 좋습니다.
아이가 자기 행동의 결과로 어려움에 빠진 순간이
결정적인 순간입니다.
그때 아이 편을 들어 주며 아이를 가르치세요.
힘든 아이는 부모에게 의존하기 마련이니
살짝 위로하며 이야기하면 가르치기 쉽습니다.
그 순간에 공격해서
아이가 배움보다 방어에 힘쓰게 하지 마세요.

🐦

아이에게 뭔가를 제안합니다.
아이가 싫어하면 상처받아요.
싫다고 하지 않아도 아이가 억지로 하면 마음이 안 좋죠.
하지만 뒤집어 보세요. 우리도 귀찮은 일은 하기 싫어요.
쉴 때 아이가 놀자고 조르면 미루기 일쑤죠.
아이들의 비협조, 적어도 상처받을 일은 아닙니다.

🐦

아이에게 부드럽게 말하라고 하죠.
하지만 늘 그런 것은 아니에요.
아이의 말을 들어 주거나 일상의 잡담을 나눌 때,
그리고 무엇인가를 처음 지시할 때만 그렇습니다.
한 번 지시해도 듣지 않으면
그다음에는 단호한 목소리가 좋습니다.
단호해지지 않으면 곧 화를 내게 되지요. 그래서 더 안 좋습니다.

단호하게 말하는 것과 모질게 말하는 것은 다릅니다.
단호하게 말하면서도 모질지 않게,
안 되는 건 안 된다고 화내지 않고 말하는 것이 중요합니다.
연습도 필요하지만 먼저 부모 마음속의 흔들림부터 없애야 합니다.
흔들리는 자신을 다잡으려 아이에게 모질게 하는 경우도 참 많아요.

"책 그만 보고 어서 가서 자."
"엄마가 자라고 몇 번 말했어?"
이런 반복적인 재촉은 어느 집에서나 흔히 볼 수 있습니다.
재촉하는 목소리는 신경을 상당히 자극합니다.
정확히는 두려움을 관장하는 뇌 부위인 편도체를 자극하죠.
재촉하는 말을 많이 듣는 아이들은
만성적 위기 상황에서 사는 것과 마찬가지입니다.

날카로운 말보다는 가급적 손을 아이의 몸에 대고
부드럽게 밀어서 움직이도록 유도해 보세요.
책을 직접 덮고 머리를 쓰다듬으며
"이제 가서 자자."라고 말해 주세요.
부모에게도 아이에게도 가장 좋은 방법이에요.

아이에게 뭐가 옳은 것인지 자꾸 말하는 부모들이 있어요.
대개 전에도 한두 번 했던 이야기죠.
다시 야단치며 이야기해 봐야 또 안 듣습니다.
그럴 땐 편을 들어 주며 이야기하세요.
"자꾸 안 되니까 너도 힘들지? 뭐 좋은 방법 없을까?
엄마 생각에는……."

야단을 치면 아이들은 겁을 냅니다.
반복해서 야단맞으면 부모 말이 시작되자마자 방어 자세를 취하죠.
이래서야 부모 말을 기억하고 뭔가 배우긴 어렵습니다.
반복되는 잘못은 반복되는 이유가 있는 겁니다.
시간이 필요하고, 아이가 더 자라야 하는 것이죠.
한 번에 확실히 가르치려 하지 마세요.
아이와 한편이 되어 우선 문제가 있다는 생각만 공유하세요.
그리고 방법을 함께 찾아가며 시간을 두고 꾸준하게 이끄세요.

말은 생각보다 힘이 없어요.
말 뒤에 행동이 안 따르면 아이도 우습게 생각합니다.
아이에게 네가 어떤 일을 하면 이렇게 하겠다,
어떤 일을 하지 않으면 저렇게 하겠다고
말을 했다면 그 말만큼은 꼭 지켜야 합니다.
자기가 한 말도 부모가 지키지 않는다면
아이에게 말과 행동은 다른 것이라 가르치는 것이죠.

그러기 위해 먼저 기억할 것.
실제로는 하지 않을 행동으로 위협하지 마세요.
"너 계속 울면 길에 내려놓고 간다."
"한 번만 더 숙제 안 하면 학교고 뭐고 안 보낼 거야."
이 말을 정말 지킬 수 있을까요?
지키지 않을 말은 내 말의 힘만 떨어뜨립니다.

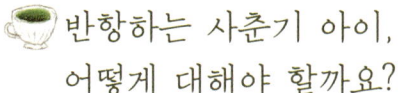 반항하는 사춘기 아이,
어떻게 대해야 할까요?

🐦

질풍노도의 사춘기 아이를 키우는 정답.
기대하지도 않지만 포기하지도 않는 것.
참 어려운 주문이지요?
아이를 그대로 놔둔다고 알아서 잘하진 않아요.
그렇다고 부모가 노력한다고 그대로 따라오지도 않죠.
그래도 노력하고, 욕심 부리지 않고 기다려 주세요.
이처럼 사람을 성숙시킨다는 건 어려운 일입니다.
그걸 부모에게 주문하자니 참 고역입니다.

🐦

청소년들은 부모가 필요 없다는 듯 행동하지만,
부모가 자기를 사랑하고 있는지 무척 관심이 많습니다.
자기를 포기하고, 더 이상 사랑하지 않을까 두려워하죠.
그래서 부모는 누구보다 아이를 사랑하고 있음을
보여 줘야 합니다.
중요한 건 아이를 걱정하는 것이 아니라
아이를 진짜 사랑하고, 그 사랑을 줘야 한다는 것이죠.

많은 청소년들이 부모에게 자기 고민을 말하지 않습니다.
수치심 때문에 말하지 않는 아이도,
야단맞을까봐 말하지 않는 아이도,
어차피 들어 주지 않을 테니 말하지 않는 아이도 있지만
의외로 많은 아이가 부모에게 부담이 될까 봐 말하지 않아요.
자기가 고민을 털어놓으면 부모가 속상해할 텐데
자기에게 그럴 자격이 있나 생각하지요.
자신감이 부족한 아이일수록 이런 마음은 더욱 깊어집니다.
결국 그게 부모에게 더 큰 부담을 지우는 것임을 아이들은 모릅니다.
예방책은 한 가지뿐. 평소 아이와 잡담을 많이 나누세요.
가벼운 말을 나누다 보면 진지한 이야기로 이어지기 쉬우니까요.

청소년 자녀와 대화가 힘들다면
이끄는 위치에 서지 마세요. 같이 배워 가세요.
아이와 한편이 되어 가르쳐 줄 사람을 만나고
여기저기 함께 정보를 찾아보세요.
아이 입장에서 계속 질문하며 대화를 나누세요.
아이에게 정말 필요한 건 내용이 아닙니다.
문제를 끈질기게 밀고 가는 힘입니다.
아이들은 대개 끈질김이 부족합니다.
끈질기게 답을 찾으려는 부모의 태도가
아이에게 줄 수 있는 가장 큰 선물입니다.

청소년 자녀와 어울리려고
친구처럼 행동하는 부모들이 종종 있어요.
대개 좋지 않습니다.
아이들이 결국 원하는 사람은 부모입니다.
믿을 수 있는 사람, 따를 수 있는 사람을 원하죠.
그저 불필요하게 권위를 내세우지 않고,
아이 의견을 존중하는 사람이면 충분합니다.

요즘은 반항만 해도 사춘기라고 합니다.
그래서 초등 2학년 아이가 반항하면 사춘기가 온 거냐고 묻고,
여섯 살 아이가 말을 안 들으면 유아 사춘기냐고 묻지요.
그러나 반항은 사춘기 아이들만 하는 것이 아닙니다.
아이가 커 가면서 통제가 강하다고 느낄 때,
또 스트레스가 높아질 때 언제나 나타날 수 있어요.
진짜 사춘기는 이차 성징의 전개와 맞물려 나타납니다.
물론 이때 반항기가 나타나지 않는 아이도 있습니다.
부모와의 관계가 아주 좋거나
반대로 완전히 부모에게 지배당한 아이가 그렇지요.

사춘기의 반항은 어른 대접을 해 달라는 신호입니다.
어른 대접을 해 주면 됩니다.
아이의 말투나 행동에 예민해지지 말고, 아이에게 절절매지도 말고,
그저 존중하는 태도면 충분합니다.
다만 예전의 착한 아이로 돌아갔으면 하는 환상은 버려야 합니다.
부모가 그러한 환상을 가질수록
아이는 환상을 깨려고 더 많이 엇나갈 수 있어요.
내 품에 안겨 웃어 주고, 내 말을 잘 따르고,
언제나 함께 있고 싶어 하던 '착한 아이'의 시절은
끝났음을 받아들여야 합니다.

아이에게 자꾸 화가 나고 그런 내가 싫어요

"아이에게 자꾸 화가 나요. 화를 내고 나면 그런 내가 싫어요."
화가 많은 부모의 마음에는 깊은 슬픔이 있어요.
슬픔을 보이지 않으려 지금까지 무던 애를 쓰며 살아왔겠지요.
그런데 아이는 애쓴다고 되지 않아요.
그래서 화가 납니다. 슬픔이 뿌리입니다.

<u>스스로도 화가 심하다 느낀다면</u>
아이에게서 물러나야 합니다.
기본적인 것만 챙기고 놔두세요.
자신에게 집중하세요.
마음속 깊은 슬픔과 마주해야 합니다.
풀어 주고 위로해 주세요.
혼자서 힘들면 다른 사람의 도움을 받아서라도.
돌아가더라도 이 길이 빠른 길입니다.
아이를 위해서도, 나를 위해서도.

🐦

사랑이란, 화를 참는 마음이 아닙니다.
상대가 먼저 걱정되기에,
화낼 수 없는 상태입니다.

🐦

화난 마음에는 아이가 들어갈 공간이 없습니다.
뜨거운 불은 자칫 델까 두려워 누구나 피합니다.
아이도 상처 입을까 두려워
화난 당신을 피합니다.
아이가 들어오길 바란다면
마음의 불부터 꺼 보세요.
당신 마음에 아이가 머물러야
어떤 시작도 가능해집니다.

🐦

아이에게 화를 내지 말아야 할 이유는 단 한 가지입니다.
아무 소용이 없기 때문이죠.
화를 내서 아이가 달라지고 변화한다면,
혹은 당신의 스트레스라도 풀린다면 화를 내도 좋아요.
하지만 대개 아이는 찔끔 변하는 듯하다 말고,
당신의 죄책감은 커집니다. 상처만 더욱 깊어지고요.

아이에게 거절하는 것을 힘들어하는 부모가 많습니다.
거절하면 징징대고 원망하는 아이의 모습을
견디기 어려워서 아이에게 화를 냅니다.
더 이상 투정하지 못하게 오금을 박는 거죠.
알고 보면 내 마음 좀 편해 보자고
답답한 아이에게 오히려 상처를 주는 행동입니다.
마음 여린 부모들이 흔히 하는 실수입니다.

많은 아이들이 부모의 화에 깊게 상처를 받습니다.
잊으려 하지만요.
생각해 보면 우리 어른들도 그렇습니다.
지난 열흘 간 누가 내게 화낸 기억이 있습니까?
별로 없을 겁니다. 있다면 떠올릴 때 기분이 상당히 나쁘겠죠.
사람이란 누구나 남이 내게 내는 화에 한없이 약합니다.

☕ 내가 아이를 잘 키우고 있는지 불안해요

🐦

아이를 키우다 보면 부모는 모든 게 다 불안합니다.
사랑하는 만큼 더 불안하지요.
그 불안이 결국 아이에게 모두 갑니다.
채근하고 겁주고 부담을 줍니다.
불안 속에서 자라면
불안을 이기는 어른이 되긴 어려워요.
불안을 자기 안에 담아 두고
아이에게 전달하지 않는 것.
참 어렵지만 아이에게 주는 큰 선물입니다.

🐦

불안한 사람은 확실한 걸 찾아요.
확실한지 늘 확인하고, 믿을 수 있는지가 중요하죠.
그런데 세상엔 확실한 것도, 보장된 믿음도 없습니다.
다만 삶을 통해 이뤄 나갈 뿐이죠.
그러니 불안이 끊이지 않습니다.
특히 확실함과 거리가 먼 육아에서 불안은 극대화됩니다.

대개 걱정하는 일은 좀처럼 일어나지 않습니다.
걱정에 매달리느라 일을 망치는 경우가 더 많죠.
아이 때문에 힘들다는 부모들에게 늘 물어봅니다.
구체적으로 어떤 일을 하느라 힘드냐고.
그러면 답하지 못하는 분들이 많습니다.
일 때문이 아니라 걱정 때문에 힘든 부모들,
분명 적지 않습니다.

스트레스는 우리의 눈을 흐립니다.
아이의 평범한 행동도 신경에 거슬리고
웃고 넘길 일에도 속이 상합니다.
스트레스는 안경의 얼룩과 같아요.
상황을 제대로 보려면 안경알부터 잘 닦아야 합니다.
일이 복잡해질수록 아이보다
자기 마음을 들여다봐야 하는 이유지요.

🐦

양궁 선수는 과녁보다 자기에 집중한다고 합니다.
과녁을 보면 오히려 과녁을 맞히지 못합니다.
내 자세와 호흡, 내 몸의 근육과 내 마음이
내가 훈련하고 기억한 그대로인지에만 집중하지요.
아이를 키울 때도 아이에만 집중하면 안 됩니다.
아이를 대하는 자신의 태도에 집중하세요.
참 쉽지도, 잘 익숙해지지도 않지만 중요합니다.

🐦

아이에게 따뜻하게 말하는 것이 힘든 게 아니에요.
조금만 연습해도 금방 할 수 있지요.
진짜 힘든 것은 내 불안을 이기는 것.

'따뜻하게 말하면 아이가 과연 알아들을까?
혹시 내 말을 무시하면 어떡하지?'

내 앞의 불안은 어쩔 수 없는 것이 아니라,
내 힘으로 조금씩 넘어설 수 있는 것임을 알아야 합니다.
그때부터 많은 것이 달라집니다.

🐦

다 그렇지는 않지만 아이 때문에 힘들다는 부모의 사연,
잘 들어 보면 아이 문제가 아닌 경우가 많습니다.
부모 스스로 자기를 통제하지 못하는 것이 가장 힘듭니다.
불안하고, 화가 나고, 참을 수 없고…….
자기 내면의 흔들림을 다스릴 수 없어 힘이 듭니다.
어떻게 할 수도 없는 미래를 걱정하느라 힘을 뺍니다.
정작 아이를 도와주느라, 아이를 위해 무언가를 실천하느라
힘이 드는 경우는 의외로 많지 않습니다.
그렇다고 아이 문제가 부모 탓이란 것은 아닙니다.
하지만 부모가 힘든 것도 다 아이 탓은 아닌 겁니다.
아이가 변하는 데는 오랜 시간이 걸립니다.
그리고 부모의 일은 그 시간을 함께 버텨 주는 것입니다.
내 마음의 불안을 아이에게 넘기지 않고 버텨 주는 것입니다.

🐦

큰아이에겐 엄격하고, 아래로 갈수록 인자해지는 경우가 많습니다.
처음 부모가 된 불안 때문이지요.
불안하면 어깨에 힘이 들어가고,
살살 해도 될 말을 공연히 강하게 합니다.
뭐든 빨리 해결하지 않으면 안 될 것만 같고요.
결국 불안의 희생자가 큰아이입니다.

"이게 옳은지, 저게 옳은지 모르겠어요. 육아는 너무 어려워요."
하지만 정답은 누구도 모른답니다.
어쩌면 중요하지도 않아요.
아이에 대한 자신의 감을 믿으세요.
융통성을 가질 수 있다면 어떤 방향도 좋습니다.
일단 실천하세요. 그리고 아이의 반응에 따라 바꿔 가세요.

다만 내가 어떤 선택을 하고 있는지,
왜 그런 선택을 했는지는 알고 기억해야 합니다.
그래야 이랬다저랬다 하지 않고 자기를 지킬 수 있습니다.
결과를 돌아보며 자기 잘못을 바꿀 수 있습니다.
우회로로 가더라도 목적지로 갈 수 있습니다.
조심할 것은 끊임없이 방향을 바꾸면서도
스스로 무슨 선택을 하고 있는지 모르는 것이죠.
그러면 같은 자리만 빙글빙글 돌면서
너무 어렵다는 푸념만 계속하게 됩니다.

아이가 나를 사랑하고 있을까요?

부모가 아이에게 사랑받고 싶어서 사랑한다 말하기도 합니다.
아이에게 특별한 사람이고 싶어
아이 말을 거부하지 못하기도 합니다.
이상한 일 아니에요. 인간의 본능입니다.
자식에게도 사랑받고 싶은 마음, 당연한 부모의 마음입니다.

다만 아이가 나를 미워하는 것을 두려워하지 마세요.
내가 나쁜 짓을 하지 않았다면 그만입니다.
부모가 꼭 사랑받아야 하는 건 아닙니다.
아이가 성숙한 어른이 되는 것이
내가 받을 가장 큰 사랑입니다.
그리고 그 성숙을 이루기 위해선
나에 대한 미움도 필요하지요.

결국 내 사랑은 아이를 통해서 다 채울 수는 없습니다.
내가 받고 싶은 사랑을 채우기 위해선 다른 무언가가 필요합니다.

아이의 기대를 깨는 일, 어렵습니다.
어려운 일이라도, 안 좋은 일이라도
아이의 간절한 눈을 보면 들어주고 싶습니다.
그래서 거짓말로 피해 가거나
엉뚱한 조건을 붙여 들어줍니다.
아이를 만족시키고 싶은 욕망,
사랑받는 부모가 되려는 욕망은
이기기 어렵습니다.

하지만 아이를 키우다 보면
아이가 싫어하는 걸 해야 할 때가 옵니다.
그럴 때는 나를 좋게 봐 주었으면,
내가 사랑하고 있음을 알아주었으면 하는
기대를 버려야 합니다.
사랑받고 싶은 본능을 포기하기에,
그렇게 묵묵히 할 일을 다하기에
부모의 사랑을 위대하다고 하는 거겠죠.

🐦

아이의 요구에 지나치게 끌려가는 부모는
언젠가는 아이에게 지나치게 요구합니다.
지금은 아이가 주도하지만
기회만 닿으면 자신이 주도하려고 하죠.
이런 부모들은 아이와 자신이 서로 독립적인 존재라는 것을
잘 받아들이지 못해요.
아무리 부모와 자식이라도
서로 지켜야 할 선이 있다는 것을 알지 못해요.

🐦

요즘 어떤 아이들은 집안의 왕과 같은 대우를 받곤 합니다.
문제는 아이가 왕 노릇을 그만두고
자기 삶을 살아가려 할 때죠.
그때 아이는 자신이 진짜 왕이 아니고
그저 왕 역할을 하는 배우에
불과했음을 알게 되지요.
그런데 아이는 한 번도
자기가 왕이 되고 싶다고 한 적이 없죠.
부모에 의해 그 역할을 맡게 되어
그저 살아왔을 뿐입니다.

아이와의 끝없는 갈등에 지쳐요

아이와의 갈등으로 마음고생할 때는
이 짓이 언제 끝나나 싶습니다.
그러나 정작 갈등이 끝나면 그때는 정말 끝입니다.
아이에게 어떤 영향도 줄 수 없는 때가 곧 옵니다.
갈등이 끝나는 게 목표일 수는 없습니다.
그건 노력하지 않아도 그냥 옵니다.
서로 사랑하며 상처를 덜 주고받아서
마음속에 간직하는 관계가 목표여야 합니다.

아이와의 힘든 순간은 꼭 옵니다.
그 순간을 어떻게 넘기는지가
아이에게 주는 가장 중요한 교육입니다.
사람은 감정이 고양된 상황,
문제가 위기로 치달은 순간을 오래 기억합니다.
삶을 살아가는 태도는 그러한 순간들이 모여 만들어집니다.
다만 부모가 모를 뿐이지요.

"어려움 속을 헤맬 때 엄마는 제게 다가와
지혜로운 말을 건네요. 그냥 그대로 두렴.
어둠의 시간을 지날 때 엄마는 제 앞에
꼿꼿이 서서 말해요. 그냥 놔둬 보렴."

비틀즈의 너무나 유명한 곡 「Let it be」,
폴 매카트니가 꿈속에서 엄마를 만난 후 쓴 가사입니다.
아이도 커서 어른이 됩니다. 힘든 순간도 겪어야겠죠.
그때 당신이 떠오른다면, 기억 속 당신이 따뜻하게 위로한다면,
누구도 못 하는 격려를 한다면…….
아마도 당신의 인생은 성공한 것일 겁니다.
폴의 엄마 메리처럼 아름다운 곡에 남진 않더라도
당신도 분명 아름다운 부모입니다.

내 손가락을 살짝 베이면 눈물이 나지만
상대의 팔뚝에 멍이 들었어도 가슴으로 아프진 않습니다.
내가 속상한 것은 크게 느껴지고
상대가 속상한 것은 작게 느껴지지요.
아이와의 다툼이 길어지는 이유는 내 아픔을 먼저 보기 때문입니다.
상대의 아픔이 보이면 다툼은 오래가지 않습니다.

아이의 문제를 빨리 없애고 싶어요

아이가 문제를 일으키면 많은 부모들은
어떻게 빨리 문제를 없앨까 생각합니다.
문제가 왜 생겼는지에 대해선 관심이 없습니다.
하지만 아이가 보이는 행동은
그저 아이의 발달 수준을 반영하는 결과입니다.
문제 행동만 따로 분리해 없애기는 어렵습니다.
없애 봐야 다른 문제가 또 튀어나오죠.

해결책은 결국 아이를 더 키우고 자라게 하는 것.
아이의 성숙이 문제를 해결하는 열쇠입니다.
문제를 풀어내는 과정 자체가 인생입니다.

아이를 정말 도우려는 마음인가요?
그저 문제가 알아서 해결되길 바라는 것은 아닌가요?
혹시 왜 하필 나한테 이런 일이 생긴 거냐며
짜증을 내고 있는 것은 아닐는지요.
변하지 않는 아이가 이해할 수 없고 화가 난다면
그저 문제가 해결되기만 바라는 마음입니다.
아이가 나를 힘들게 하지 않길 바라는 마음이죠.
쉽게 변할 수 있다면 부모가 나설 필요도 없겠지요.
쉽게 변하지 않기에 부모의 도움이 필요한 것입니다.

아이를 도우려면 아이의 현재 수준을 인정하세요.
그리고 차분히 계획을 세워야 합니다.
문제 해결의 주체인 아이에겐 비난이 아닌 격려가 필요합니다.
아이는 금방 달라지지 않습니다.
하지만 그렇기에 내 도움이 필요합니다.

부모는 아이를 키우며 잘 통제된 상태,
문제가 없는 상태를 기대합니다.
하지만 그것은 육아의 본질이 아닙니다.
육아는 아이에게 통제 능력을 만들어 주는 과정입니다.
스스로 문제를 다룰 수 있는 힘을 만들어 주는 것이죠.
그러기 위해서는 우선 아이에게 문제가 있어야 합니다.
문제가 있는 상태, 그것이 정상입니다.

아이의 행동을 바꾸는 데 실패하는 다섯 가지 이유.

첫째, 아이의 문제를 정말 바꿔 주고 싶다는 생각이 없다.
둘째, 부모가 잘못된 모델이 되고 있음을 모른다.
셋째, 한 번에 여러 가지 문제를 바꾸려 한다.
넷째, 나쁜 행동을 대체할 긍정적 행동을 제시하지 못한다.
다섯째, 고집스럽게 처음 계획대로만 끌고 간다.

다른 이유도 있을 수 있겠지요.
하지만 대부분의 경우가 이 다섯 가지 이유에 걸립니다.
진심을 갖고, 진실한 태도로, 융통성을 갖고 계속 노력한다면
세상사 모든 일처럼 변화는 꼭 옵니다.

'어떻게 이 아이를 바꿀까?' 하는 마음으로 말하지 마세요.
'내가 뭘 도와줄 수 있을까?' 하는 마음으로 이야기하세요.
자신을 바꾸려고 시도하는 사람은 누구나 부담스럽죠.
아이와 함께, 아이를 도우려 하면 분명 변화는 나타납니다.
문제 해결의 주인은 아이입니다. 주인이 누구인지 잊지 마세요.

"난 너를 포기하지 않아.
네가 인생을 이렇게 포기하도록 둘 순 없어.
너한테는 세상을 살아갈 능력이 충분히 있는데
그걸 꽁꽁 싸맨 채 인생을 끝내려고?
그럼 네가 얼마나 괴로울지 아니?
넌 자신을 원망하는 것조차 괴로워
평생 세상을 원망하면서 살아갈 거야."

이 말이 만약 진심이라면,
진심으로 널 포기하지 않는다고 말한다면 아이는 움직입니다.
당장 움직이지 않더라도 믿기 시작하죠.
나를 믿어 주는 사람, 나를 걱정하는 사람이 있다는 것을.
그저 입에 발린 말뿐인지 몇 번 확인하겠지만
믿음이 생기면 아이는 반드시 움직입니다.

아이들의 변화는 구부러진 터널을 통과할 때와 비슷합니다.
터널의 끝에 거의 도달해서야 겨우 빛이 보입니다.
조금씩 좋아지는 경우란 보기 어렵습니다.
노력을 해도 진전이 없고 더 답답해지는 때가 많죠.
그래서 더욱 잊지 말아야 합니다.
'내가 지금 가는 길은 터널이야. 반드시 끝이 있어.'

'살살, 꾸준히, 긍정적으로.'
아이의 문제를 다룰 때 지켜야 할
세 가지 원칙입니다.

변화란 얼마나 어려운 일이던가요?
사람은 얼마나 상처받기 쉬운 존재입니까?
차라리 엇나가고 싶은 마음이 드는 때도 많죠.

그래서 자꾸 되뇌어야 합니다.
욱하고 올라오는 마음을 가라앉히며.
'살살, 꾸준히, 긍정적으로.'

에세이

아이는 부모의 분신이 아닙니다

아이 문제로 제대로 고민을 해 본 부모라면 누구나 느낄 것입니다. 아이 문제는 결국 부모 자신의 문제입니다. 이 말을 부모가 문제가 있어서 아이가 문제가 있다는 뜻으로 오해하지는 않았으면 합니다. 가끔 그런 경우도 있지만 아동 발달에 대한 최근의 연구는 한결같이 아이가 보이는 문제는 부모의 책임보다는 아이가 갖고 태어난 기질에 기인하는 바가 더 크다고 이야기합니다. 그렇다면 아이 문제가 부모 자신의 문제라는 말은 무슨 의미일까요?

아이 문제에서 마음 편한 부모는 없습니다. 남의 집 아이 문제는 객관적으로, 합리적으로 이야기하면서도 자기 아이 문제는 그러기 어렵죠. 많은 부모에게 아이는 자아의 연장이기 때문입니다. 아이는 그냥 아이가 아닙니다. 나의 일부이죠. 나의 일부이지만 내 마음대로 움직이지 않는 것, 그래서 더 답답하고 참을 수 없는 존재가 아이입니다. 팔이 분명히 있는데 맛있는 음식을 앞에 두고도 먹지 못하는 상황이 온다면 얼마나 답답하겠습니까? 부모에게 아이는 꼭 내 마음대로 움직이지 않는 팔과 같습니다.

많은 부모에게 아이는 자아를 확장하는 도구입니다. 새로운 장난감을 갖고 자기만의 상상 세계를 만들어 가던 어린 시절을 떠올려 보십시오. 장난감을 지휘하고 움직이는 상상 놀이 속에서 아이는 왕이 되기도 하고 무적의 영웅이 되기도 합니다. 마찬가지로 부모들은 아이를 가지게 되면 아이를 통해 자신의 좌절된 욕망을 해결하려 합니다. 자기에게 다시 한 번의 기회가 주어졌다고 믿는 거죠.

그런데 아이가 마음대로 움직이지 않는 겁니다. 아이의 문제일 수도 있고 과도한 욕망 때문일 수도 있죠. 그리하여 부모들은 다시 한 번 좌절을 맞게 되는데 그 좌절 앞에서 부모는 자기를, 또 자기의 분신을 용서하기 어렵습니다. 분노가 터집니다.

좀 더 현명한 부모라면 아이에 대한 목표와 기대가 적절하지 못했음을 깨달아야 할 것입니다. 하지만 이런 깨달음은 쉽지 않습니다. 오히려 더욱더 자신을 채근해서 다음 기회를 노리죠. 물론 그 채근은 결국 아이에게 더 큰 강요와 부담으로 다가갈 것입니다.

극히 일부의 부모들만 이 상황에서 아이와 자신이 서로 다른 세계를 갈 독립적인 존재라는 것을 자각합니다. 그 자각을 통해 자신의 욕망이 만들어 낸 상상 세계가 아니라 진짜 내 아이가 사는 현실 세계로 돌아와 아이와의 관계를 재구성하게 됩니다. 그러나 콤플렉스로 힘들어하던 부모라면, 자기의 문제로 좀 더 괴로워하던 부모라면 이러한 자각이 쉽지 않습니다.

아이 문제로 고민하는 부모와 이야기해 보면 많은 경우 부모가 싸우고 있는 것은 자신의 두려움과 좌절감입니다. 아이의 성공을 위해 노력한다고 하지만 그 뒤에는 자신의 욕망이 도사리고 있습니다. 그래서 '정도 이상의' 과도한 반응이 나오게 되죠. 우리는 그것을 모성애, 부모의 한없는 사랑으로 묘사하지만 그 깊은 내면에는 아이와 자신을 분리하지 못하는 미성숙한 부모의 모습이 있습니다.

그렇다면 답은 무엇일까요? 결국 아이와 자신의 경계를 인정하는 것입니다. 아이의 세계와 자신의 세계, 아이의 미래와 자신의 미래의 경계를 인정하는 것이죠. 부모가 아이에게 개입하는 데에는 한계가 있을 수밖에 없고, 지나칠 경우 오히려 문제를 악화시킨다는 것을 받아들여야 합니다.

또, 자신의 부풀려진 두려움을 아이가 겪을 미래라고 착각하지 말아야 합니다. 자신이 원하던 바를 아이가 성취했다고 아이가 정말로 행복할 것이라는 순진한 생각을 포기해야 합니다. 우리 자신을 보면 알 수 있듯이 부모가 바라던 모습과 우리의 모습은 사뭇 다릅니다.

두려움도 다르고 행복을 느끼는 순간도 다릅니다. 그렇게 부모의 기대와 아이의 바람이 다른 것이 인간의 역사입니다.

아이로 인해 고민하고 있는 부모라면 다시 기본으로 돌아가도록 권하고 싶습니다. 소크라테스의 말대로 '너 자신'을 알아야 합니다. 부모가 부모 자신을 알고, 내가 바라는 것과 현실의 아이를 나눠서 볼 수 있어야 합니다. 자신이 아이에게 할 수 있는 일의 한계를 깊게 인식해야 합니다. 그래야 비로소 아이와 자신이 함께 행복할 수 있는 최소한의 조건을 얻게 됩니다.

아이는 내가 아니며, 나의 일부도 아니고, 나의 분신도 아닙니다. 아이는 자신만의 몸과 정신을 가진 독립적인 존재입니다. 그 아이가 어떻게 될지는 부모로선 알 수 없습니다. 다만 우리는 부모로서 자신의 도리를 할 뿐이죠. 아이를 내 기대대로 만들 때보다 아이에게 내 도리를 다할 때, 그때 부모가 더 행복해집니다.

아이의
삶을 위한 교육

부모들은 아이에게 최선을 다하라고 말합니다.

아이들은 그 말의 뜻을 잘 모르죠.

아이들은 그저 오늘을 살아갑니다.

꽃이 최선을 다해 피나요?

꽃은 그냥 핍니다.

'최선을 다해 꽃을 피우자.'

다짐하며 피는 꽃은 없습니다.

아이들도 그렇게 자신을 꽃피우고 있습니다.

공부를 못하면 아이의 인생이 실패하나요?

"왜 공부를 해냐 하나요?"
너무나 중요한 질문입니다.
요즘 우리 사회에서 공부를 하는 목적은
가치를 실현하는 데 있지 않습니다.
불안을 해소하는 데 있습니다.
뭔가를 이루기 위해서가 아니라
안 하면 큰일 나니까 공부를 하죠.
그러다 보니 불안에 민감한 아이들이 앞서 갑니다.
성격이 느긋한 아이들은 뒤떨어지죠.
이렇게 계속 흐르다가는
우리 사회는 더 나은 가치를 추구하기보다
그저 불안만 피하는 거대한 성채를 만들겠지요.

🕊

많은 부모들이 공부를 시키려 아이들을 위협합니다.
열심히 하지 않으면 나중에 살기 힘들다고요.
그러나 그런 위협은 별 소용이 없습니다.
어린 시절부터 별다른 결핍을 느끼지 않은 아이들에게
위협은 현실감 있게 느껴지지 않으니까요.
그저 인생을 우울하게 바라보도록 할 뿐입니다.

🕊

등수나 점수를 정해서 상을 주지 마세요.
사회도 어차피 그렇지 않느냐고요?
사회가 그렇기에 부모만은 그러면 안 됩니다.
당신은 사회가 당신의 편이라고 생각합니까?
사회의 그런 방식이 좋다고 생각하나요?
아이 편이 되고 싶다면, 아이가 당신을 좋아하려면
당신이 할 일은 사회를 흉내 내는 것이 아니에요.
사회가 하지 않는 일을 당신이 해 줘야 해요.

🐦

아이가 상 같은 것은 받지 않아도 됩니다.
영어나 수학 점수가 별로라도 괜찮습니다.
오히려 진짜 위험한 것은 조금만 힘들어도 포기하는 것,
인정받는 데만 관심을 가져 쉬운 일에만 매달리는 것,
그리고 좋아하는 일이 마땅히 없는 것이죠.
그래서야 행복하기도, 성공하기도 어렵습니다.
부모가 도와줄 부분, 정말 관심을 가질 일은 그쪽입니다.

🐦

시험을 망치고 나면 세상이 다 무너진 듯싶죠.
하지만 시험은 인생에서 하나의 과정에 불과하지요.

"시험이 네 인생을 좌우할 것 같지?
그렇지 않아. 시험은 나무 하나를 심는 거야.
큰 나무를 멋지게 심으면 좋겠지.
하지만 그다음에 계속해서 가꾸지 않으면
어차피 좋은 정원이 될 수 없어.
반대로 지금은 작은 나무 하나 겨우 심었더라도
다음에 뭘 심느냐에 따라
얼마든지 멋진 정원을 만들 수 있단다."

많은 부모가 아이의 지능을 궁금해합니다.
지능 검사도 많이 하지요.
하지만 지능 검사는 대개 필요 없습니다.
지능 검사는 평균적인 발달 속도에 못 미치는 아이들을
찾아내기 위해 만든 거지요.
특별히 뛰어난 아이들도 알 수 있지 않느냐고요?
그건 아이의 일상만 봐도 알 수 있답니다.

똑똑한 건 굳이 확인할 필요가 없어요.
주머니 속의 칼처럼 확인하지 않아도 스스로 드러나지요.
게다가 일정 지능 이상만 된다면
지능이 좋다고 결과가 더 좋은 것은 아니랍니다.
더군다나 삶의 행복은 똑똑한 것과 전혀 관련이 없고요.
지능이 궁금한 것은 부모가 안심하기 위해서죠.
부모가 아이의 지능을 알고 나면 아이에게
"너는 머리는 좋은데……." 하며 짐을 지우게 마련이고,
아이는 스스로 "난 머리가 별로니까 해 봐야 소용없어." 하며
게으름의 핑계거리만 갖게 될 뿐입니다.

부모의 노력, 학업 성취, 세속적 의미에서의 성공, 주관적인 행복감.
부모들은 이 네 가지가 일직선으로 분명히 이어질 거라 믿습니다.
그러나 관련 연구들을 보면 그렇지 않아요.
매우 약한 인과성만 가질 뿐입니다.
앞의 것이 뒤의 것에 미치는 영향은 각각 20~30퍼센트 정도죠.

부모가 노력하면 초등학교 성적은 잘 나오겠지만
중학교 이후의 성적은 알 수 없죠.
공부를 잘하면 안정적인 직업을 가질 확률은 높겠지만
세속적인 성공을 반드시 거두는 것은 아닐 거고요.
게다가 모두가 알다시피
사회적 성공이 개인의 행복에 미치는 영향은 제한적이죠.
이렇게 허약한 가설인데도 모두가 매달립니다.

더 큰 문제는 작은 가능성을 좇다가 큰 가능성을 놓치는 거죠.
가는 새끼줄을 잡으려다 굵은 동아줄을 놓치는 부모가 많습니다.
부모가 아이와 긍정적 관계를 유지하면
장차 그 아이가 행복한 성인으로 성장할 가능성은
60퍼센트 이상이에요.
그런데 대부분의 부모들은 아주 낮은 가능성에 매달리느라
60퍼센트의 가능성을 아무렇지도 않게 희생하지요.

많은 경험을 쌓는 것이 좋기만 할까요?

부모들과 이야기하면 흔히 듣는 말.
"우리 애가 ○○을 하는데 그게 아이한테 도움이 될까요?"
도움 되는 것이면 물론 좋겠지요.
하지만 도움 되는 일로만 우리 삶이 채워진다면
얼마나 갑갑할까요?
아이들 인생에는 재미로 하는 일이 더 많이 필요합니다.

아이가 멋진 예술가가 되었으면 하는 꿈을 꾸는 부모들.
하지만 감성의 고향은 어두운 곳입니다.
감성은 그런 어둠을 이겨 내려
자기 마음에 피워 올린 모닥불입니다.
너무나 절실해서 꺼지지 않는 가냘픈 온기가 감성입니다.
누군가 가르친다고 배울 수 있는 것은 아닙니다.
그러니 부모가 돈으로 만들어 줄 수도 없는 겁니다.
감성의 부모는 차라리 결핍입니다.

다양한 경험을 쌓게 하려고 아이를 미술관, 박물관에 데려갑니다.
그런데 아이가 흥미를 느낄 만한 프로그램이 아니라면,
아이의 집중력이 버틸 수 있는 수준을 넘는다면 해가 되기도 하죠.
높은 인구 밀도, 아이 키에 맞지 않게 높이 걸린 그림,
탁한 공기와 어두운 분위기, 별 흥미도 없는 내용들…….

무작정 그림을 본다고 예술적인 감성이 자라지 않습니다.
즐거운 느낌을 줄 수 없다면 거부감만 생길 뿐이지요.
차라리 맛을 보지 않았다면 좋았을 것을,
잘못 맛을 보고는 내가 먹어 봤는데 별로였다며
영원히 멀리할 수도 있는 거죠.

아이랑 미술관에 갈 때는 사람이 적을 때,
아이의 친구 한두 명과 함께 가세요.
아이의 집중력이 허락하는 시간만 아이와 그림을 보세요.
부모가 더 보고 싶다면 아이는 밖에서 친구와 놀게 하고요.
위대한 화가들은 대개 어린 시절 위대한 그림을
한 점도 구경하지 못했다는 사실을 잊지 마세요.

🎐 부모들의 영원한 고민, 조기 교육

아이들에게 너무 많은 것을 요구합니다.
그것을 따라오는 일부 아이들을 당연하다고 생각하고,
못하는 아이들을 문제가 있다고 지적하지요.
이렇게 몰아가는 것이 사교육의 일반적 패턴이고
부모들도 당연한 듯 거기에 휩쓸립니다.

그런데 정말 부모와 교사 들에게 묻고 싶어요.
자신의 어린 시절이 지금과 같다면
자신은 어디에 속했을까요?
그 정도를 따라갈 수 있었을까요?
문제가 있는 아이로 취급받지는 않았을까요?

조기 교육이 도움이 될 것이라고 막연히 믿는 부모가 많습니다.
하지만 인간 발달에 대한 과학적 연구 결과는
조기 교육이 도움이 되지 않는다고 이야기합니다.
역사적으로 봐도 별 근거가 없습니다.
일찍부터 최고의 교육을 시킨
조선의 세자 교육은 과연 성공했을까요?
훌륭한 왕 중에 세자 출신은 드물었습니다.
그럼에도 이 주장이 계속 힘을 갖는 건
우리의 욕망에 기반을 두고 있어서입니다.
자신이 못 이룬 성취를 자식을 통해 이루려는
어쩔 수 없는 욕망 때문이죠.

조기 교육이 필요한 아이들도 있습니다.
정상적인 발달이 어려운 장애아들이죠.
가만 놔두면 발달 속도가 더 떨어지기 때문에
개입해서 자극을 주어야 하죠.
더 떨어지지 않기 위해 하는 것이 장애아에 대한 조기 교육입니다.
정상적 속도로 발달하는 아이는 굳이 촉진할 필요가 없습니다.
그래도 하고 싶다면 아이가 좋아할 때,
다른 것과 균형을 맞춰서 해야 부작용이 없습니다.

요즘은 영재 교육에 다들 관심이 많습니다.
어릴 때부터 교육하면 영재가 되리라 기대하죠.
하지만 영재는 만들어지진 않습니다.
아이를 영재로 만들려는 노력은 그만하는 게 좋아요.
그런 노력은 자칫 아이가
행복한 인간으로 살 기회를 놓치게 할 수 있어요.
더 많은 수확을 얻으려 비료를 붓지만
그 결과, 땅을 망치는 농부가 되면 안 됩니다.

그렇다고 아이에게 기대를 놓으라는 말은 아닙니다.
아이는 기대를 먹으며 자라니까요.
하지만 그 기대는 아이에 대한 기대여야 합니다.
내 욕심이어서는 안 되지요.

내 아이를 솔직하게 보고, 아이의 한 발 앞에서 기대를 갖고
격려하며 이끌 때 아이는 잘 자랍니다.
비록 영재가 아니더라도 자기가 좋아하는 일이라면
엄청난 성취를 이룰 수도 있는 것이 우리 인간입니다.

여덟 살 아이에게
완전 군장 배낭을 메고 가도록 한다면
사람들이 뭐라 할까요?
"도대체 저렇게 시키는 부모는 누구야?
아동 학대 아니야?"라고 하겠지요.
그런데 지금 우리 사회가 하고 있는 모습이 꼭 그렇습니다.
아이가 감당하기 어려운 짐인 걸 다 알면서도
어쩔 수 없다며 그냥 지고 가게 합니다.

요즘은 선행 학습이 대세입니다.
공부를 잘하는 아이도, 못하는 아이도 다 선행 학습을 해요.
부모들은 아이가 교과 내용을 미리 배워 둬야
학교 수업을 따라갈 수 있다고 생각합니다.
하지만 지난 학기 공부 중에서 이해하지 못한 것이 있다면
새 학기 공부는 부실한 기초에 탑 쌓기나 다름없어요.

결국 선행 학습을 할 것인가, 복습을 할 것인가는
아이의 수준에 달려 있죠.
배운 내용 중 개념과 원리를 이해하지 못한 것이 없다면
선행 학습도 괜찮습니다.
그렇지 않다면 복습을 해야죠.
아이들은 설명을 들을 때는 아는 듯해도
며칠 지나 비슷한 문제를 풀면 헷갈려 합니다.
그것은 개념 이해가 제대로 안되었다는 증거이고
더 이상 진도를 나가선 곤란하다는 신호지요.

🎐 새 학년 새 학기, 어떻게 준비할까요?

🐦

초등 1학년 아이를 둔 부모들에게 자주 말해 줍니다.
1학년은 그저 1학년에 불과하다는 것.
앞으로 학교에 다닐 시간,
무언가를 배울 시간,
좋은 방향으로 변화할 시간은
한참 남아 있습니다.
그래도 처음이 중요하다고 생각하지요?
자신 있게 말하는데 그렇지 않습니다.
부모만 흔들리지 않으면 그렇지 않습니다.

학기 초면 많은 부모들이 아이들에게 이야기합니다.
"작년처럼 생각하지 마. 올해는 더 어려워진다고."
마음을 다잡으라고 일부러 긴장시키곤 하죠.
그러나 아이들에게 긴장이 유리할까요?
오히려 긴장하면 대응력이 떨어지고 현실을 회피합니다.
차라리 좋은 점을 더 얘기해 주세요.

"좀 더 어려워졌니? 괜찮아.
네가 그 정도는 할 수 있게 이미 컸단다."

"네 앞에 있는 친구들을 모두 포켓몬이라고 생각해 봐."
새 학기를 맞아 새로운 반 친구들을 어색해하고,
다가가기 두려워하는 아이에게 이렇게 말해 줍니다.
대단한 효과를 노린 것은 아니고, 그저 한 번 웃게 해 주려고요.
지나친 긴장은 아이를 더 어색하게 만듭니다.
부모와 한 번 웃고 나면 용기도 조금 생깁니다.

아이와 시간을 많이 보낼수록
아이의 결점이 잘 보입니다.
그래서 엄마들이 아빠들보다
아이들 걱정도, 잔소리도 많이 하게 되죠.
하지만 장점 역시 더 많이 볼 수 있습니다.
새 학년을 맞아 아이가 불안해할 때는
장점을 콕 집어서 일부러 자주 말해 주세요.
"넌 재밌는 그림을 잘 그리니까 얼마나 멋진지 몰라."

표정이 밝고 눈빛이 반짝일 때면
놓치지 않고 말해 주세요.
"새 학년이 되더니 아주 즐거워 보이는데?"
아이들은 분위기의 영향을 많이 받아
즐거워 보인다 말해 주면 더 힘을 내곤 합니다.

아이와 선생님 사이에서

아이가 학교를 다녀와서
선생님 이야기를 하며 울어요.
들어 보니 선생님의 행동이 분명 옳지 않아요.
그럴 때는 그 행동은 엄마가 생각해도 안 좋다고
부모의 의견을 아이에게 말하세요.
아이가 혼란을 느끼지 않을까 걱정하지만
이럴 때는 부모의 생각이 선생님과 다르다는 걸 알 때
아이가 자기의 자존감을 지켜 나가기 쉽습니다.
물론 아이의 말이 진실이 아닐 수도 있음을 잊지 마세요.

아이가 잘못을 저지르면
부모는 "너 어떻게 이럴 수가 있니?" 하고 아이를 야단칩니다.
하지만 그러고도 책임은 부모가 질 때가 많지요.
그 반대로 하는 것이 옳습니다.

아이들은 잘못을 저지를 수 있어요.
아직 덜 자랐으니까요.
하지만 자기 잘못에 책임은 져야 합니다.
책임을 지게 한다고
아이를 사랑하지 않는 것은 아니지요.
오히려 더 큰 사랑입니다.

아이가 학교에서 문제를 일으켰을 때
부모는 자식을 보호합니다.
아이를 사랑하기 때문에
보호하지 않을 수 없다고 말하지요.
선생님이 아이의 문제를 지적해서 이야기해도 듣기 싫어합니다.
아이니까 그럴 수 있다고 항변합니다.
물론 아이니까 그럴 수 있죠.
충분히 그럴 수 있지만 제재를 받아야 합니다.
제재를 받게 하고 그 옆자리를 지켜 주는 게 부모의 사랑입니다.

아이가 부모와 선생님만 만나는 현재의 환경은
아이에게도, 부모에게도 불리합니다.
부모에겐 너무 많은 책임이 주어지고,
아이는 다양한 모델을 볼 수가 없죠.
가능하다면 친구의 자녀, 선후배의 자녀들과도
교류할 수 있는 문화가 필요합니다.
아이들이 다양한 어른들 속에서
지금의 자기에게 맞는 역할 모델을 찾을 수 있어야 합니다.
아이가 필요한 모델은
아이가 커 가면서 여러 번 달라질 수 있으니까요.

그리고 아이가 좋게 말하는 어른이 있다면 꼭 만나 보세요.
가능하다면 아이와 종종 만날 수 있도록
상황을 만들어 보세요.
그분에게는 우리 아이가 당신을 좋아한다고,
시간이 된다면 아이와 더 많은 대화를 나눠 달라고
정중히 부탁하고요.
지역 공동체가 사라진 요즘은 이것이 대안입니다.

다른 집과 비교하지 마세요

아이가 초등학교에 입학할 무렵이면 부모는 불안합니다.
여기저기에서 들려오는 이야기들은 마음을 초조하게 하죠.
하지만 다른 부모들의 이야기에 크게 신경 쓰지 마세요.
부모들의 모임에도 꼭 갈 필요 없습니다.
대부분 도움이 안 되고 심지어는 해로울 때도 있어요.
서로 지기 싫어 상대방에게 상처를 주고,
시샘 때문에 공연히 내 아이만 괴롭히죠.
잘못된 정보가 과대 포장되어 퍼지는 경우도 많습니다.
학부모 모임은 가벼운 정보 채널 정도로 생각하세요.

그리고 다른 아이가 아닌 내 아이를 보세요.
다른 부모의 행동이 아니라 내 행동을 보고요.
우리 아이가 날 좋아하고 꾸준히 자라고 있는지,
내가 내 행동에 만족하고 있는지가 더 중요합니다.

"다른 집 아이는 이 교재로 영어 공부 효과 봤다던데."
아이들 영어 교육, 다른 집 아이들은 잘만 하던데
우리 아이는 왜 안되나 힘들어하는 부모가 많습니다.
아이가 흥미를 느끼는 교재는 아이마다 다릅니다.
체형 따라 어울리는 옷도 다르고, 옷 입는 취향도 다르듯이요.
다만 우리말 책을 많이 본 아이가
결국 영어책도 잘 보더군요.

공부 시간도 마찬가지입니다.
많은 부모가 다른 집 아이들의 공부 시간을
지나치게 많게 추정하지요.
그래서 자기 아이의 공부 시간은 늘 불만입니다.
공부 시간의 평균치에 대한 광범위한 오해가
아이들을 채근하게 합니다,
그 결과 책상 앞에 멍하니 앉아
시간을 보내는 아이가 너무 많습니다.

🎐 아이가 자신의 시간을 관리하게 하세요

아이들의 시간은 다 똑같지 않아요.
집중이 잘되고, 효율이 높은 시간이 분명 있습니다.
그때가 언제인지 꼭 알아야 해요.
적은 시간을 공부하더라도 그때 한다면 효과가 좋겠지요.
효과도 효과지만 아이 스스로 결정한 거라면
마음가짐만으로도 의미가 있어요.

"네게 가장 좋은 시간이 하루 중 언제일까?
집중이 잘되고 기분도 좋은 시간.
자기에게 가장 좋은 시간을 어디에 쓰는지를 보면
그 사람이 가장 중요하게 여기는 것이 무엇인지 알 수 있어.
정말 네게 공부가 중요하다면 그 시간을 공부에 써 보렴."

'우선순위'라는 개념을 가르치세요.
무엇이 중요하고 먼저 해야 할 일인지 스스로 정하게 하세요.
하고 싶은 일, 해야 할 일이 너무 많은 게 이 시대의 삶이에요.
아이들의 삶조차 그렇습니다.
그래서 우선순위 개념을 일찍 알려 줘야 합니다.
스스로 우선순위를 매기고 행동하도록 도와주세요.

"중요하고 꼭 해야 하는 일은 A,
덜 중요하지만 꼭 하고 싶은 일은 B,
해도 되고 안 해도 되는 일은 D야.
그 중간은 C라고 하자.
시간이 있으면 A부터 하는 거야. 항상 순위를 매겨 보렴.
순위가 높은 게 우선순위야. 그걸 먼저 하는 거야."

"계획을 세우는 건 그저 꿈꾸는 것과는 달라.
자신에 대해 알아 가는 과정이지.
내가 얼마나 할 수 있을까 가늠하고, 실천해 보고,
그래서 자기 수준을 아는 것,
그리고 그걸 바탕으로 다시 계획을 가다듬는 거야.
그 과정 전체가 계획 세우기야."

학습 습관을 기를 때는 시간 일기가 큰 도움이 됩니다.
시간 일기는 한 시간 단위로 나눠진 종이에
그때 무엇을 했는지 기억해서 적는 일기죠.
자질구레한 것은 빼고, 큰 것만 적도록 하세요.
그리 어렵지 않아요. 초등 3학년이면 쉽게 합니다.
마음에 안 드는 일을 했어도 야단치지 말고
솔직히 적을 수 있도록 이끌어 주세요.
한 달이면 익숙해집니다.

시간 일기를 한 달간 적다 보면
아이에게 시간 개념이 생깁니다.
그리고 자기가 어떻게 시간을 보내는지 알게 됩니다.

왜 시간을 낭비하느냐 부모가 굳이 말할 필요 없어요.
공부를 얼마나 했는지 다툴 필요도 없죠.
아이 스스로 압니다. 대화가 쉬워집니다.

방학 계획은 복잡하게 짜면 실패합니다.
꼭 해야 할 일과 그 일의 시작 시간만 정하세요.
예를 들어 열 시부터 공부 40분.
다음으로 마음대로 할 수 없는 것을 정하세요.
예를 들어 텔레비전 시청이나 게임 시간은 얼마만큼.
그리고 나머지 시간은 아이 마음대로
자유롭게 쓰라고 하면 훨씬 편합니다.

계획대로 안 되는 가장 큰 이유는
애초에 무리하게 계획을 세웠기 때문이죠.
아이가 해낼 수 있는 수준으로 계획을 짜고,
초반에는 아이가 잘 지켜 낼 수 있도록
옆에서 지켜봐 주세요.
부모는 성공하도록 도와주는 사람이지
실패한 후 야단치는 사람은 아니니까요.

나이에 맞게 공부해야 합니다

공부시키는 방법의 기본은 이렇습니다.
유아기엔 놀면서 정서를 안정적으로 다집니다.
초등학교 때는 경험을 통해 배우게 하여
학습 동기를 싹틔웁니다.
중학교 때는 집중력을 유지하고, 계획을 세우고,
실수를 줄이는 방법 등 학습 기술을 가르칩니다.
고등학생은 이미 반쯤 어른이죠.
그때는 노력의 중요성을 알게 합니다.
인생 만만치 않다는 것을 알 나이니까요.

그런데 지금은 다 뒤집혔어요.
유아에게도 최선을 다하라 이야기하고,
초등학생 때 실수 줄이는 것을 강조합니다.
그러다 보니 학습 동기가 약해
중학교에 가서야 비로소 왜 공부하는지 말해 주죠.
정서적 안정은 완전히 뒷전이고요.

초등 2학년까지는 혼자 공부하는 것이 좋지 않습니다.
특히 혼자 문제를 푸는 것은
일부 아이들을 제외하고는 거의 도움이 되지 않아요.
이때는 답을 알아야 할 때가 아니라 문제를 이해해야 할 때,
왜 물어보는 것인지를 알아야 하는 시기입니다.

초등 저학년 아이에게 글쓰기를 가르칠 때는
지금 무엇을 집중해서 가르칠지 정하는 편이 좋습니다.
생각을 자유롭게 이어 가도록 하는 글쓰기인지,
철자와 띄어쓰기를 배우기 위한 글쓰기인지 구분해서 가르치세요.
한 번에 두 가지를 가르치면 좋을 듯하지만
막상 해 보면 아이는 동시에 배우는 것이 어렵습니다.
두 개를 같이 하다가 오히려 둘 다 못 하게 됩니다.

연산이나 글씨 쓰기 등 단순하고 반복적인 기능을 익힐 때는
오랫동안 하지 마세요. 길어도 15분을 넘기지 않는 편이 좋습니다.
제대로 못했다고 잘할 때까지 늘리지 마세요.
15분에 끊고 다음에는 잘해 보자고 격려하며 꾸준히 가세요.

무엇을, 왜 공부하는지 알게 하세요

"똑똑해지고 싶다고? 자꾸 더 많이 생각해 보렴.
이런저런 방법을 계속 떠올려 봐.
어떤 문제든 해 볼 만한 방법은 정말 많아.
문제를 해결할 때까지 끝까지 생각하는 거야.
하루하루의 삶은 우리에게 계속 질문을 던져.
포기하지 않고 답을 찾다 보면 똑똑해지지."

"이해하는 것으로는 부족해. 외울 것은 외워야 한단다.
남이 하는 걸 따라 할 생각이면 안 외워도 돼.
하지만 혼자 해 나가려면 외워 놓지 않으면 어려워.
기본을 외우고 있어야 새로운 일이 생겼을 때 쉽게 응용하니까.
우선 꼭 외우겠다는 마음이 무엇보다 필요해.
그리고 외우는 기술을 찾아 같이 익혀 보자.
좀 더 잘할 수 있을 거야."

운동을 할 때 나쁜 자세, 나쁜 기술이 배어 있으면
연습을 많이 할수록 상황은 악화됩니다.
연습을 통해 잘못된 기술과 자세를 익히게 되기 때문이죠.
물론 어느 정도의 결과는 낼 수 있어요.
다만 한계가 있고 비효율적이죠.

공부도 마찬가지예요.
좋지 않은 공부 방법으로 공부하면 효율이 떨어집니다.
무작정 외우고 많은 문제를 푸는 건 하급이에요.
원래 알고 있던 지식과 연계해 생각하면서
문제를 풀고 외워야 해요.
그런데 요즘 아이들은 너무 어려서부터
공부를 많이 해야 해 그런 방법을 익히지 못하죠.
추상적 사고가 어려운 나이에 개념을 외우게 하니
단순 기억 기능만 많이 사용합니다.
당장의 성적 때문에 선수 생명을 망치는 꼴이지요.

좋은 공부는 이렇습니다.
우선 자신이 무엇을, 왜 공부하는지 알아야 합니다.
스스로 흥미를 유발해 새로운 것을 알아 가야죠.

그리고 새롭게 알게 된 내용을
기존에 알던 개념 및 지식과 연결 지어 정리한 후
그 내용을 머릿속에서 꾸준히 굴려 봐야 합니다.

이렇게 공부를 하면 뒤늦게 시작해도 결과가 좋습니다.
문제는 아이들은 경쟁에서 밀리면
스스로 흥미를 잃고 도망가려 한다는 점이죠.
그런데 다른 아이들이 너무 일찍 시작하기에,
늦게 시작한 아이는 처음부터 뛰어드는 것이 두렵습니다.
그래서 부모가 도와줘야 합니다.
꿋꿋하게 격려하며 아이를 지켜 줘야 합니다.
그런데 요즘은 부모들이 더 불안해서 그것이 쉽지 않습니다.

🌸 아이의 교과서를 들여다보세요

🐦

요즘은 보통 교과서를 학교에 두고 다닙니다.
학교엔 사물함이 생겼고 교과서는 무거워졌으니까요.
그래도 몇 과목만이라도 교과서를 갖고 다니면 어떨까요?

**교과서를 보면 아이의 수업 태도를 짐작할 수 있어요.
부모가 교과서를 확인하는 걸 알면
아이는 수업에 더 집중하지요.
아이가 요즘 뭘 배우고 있는지 부모가 알면
그에 대해 자연스럽게 이야기를 나눌 수도 있고요.**

복습도 자습서보다는 얇은 교과서로 해야 빠르고 효과적입니다.
저는 아이가 어릴 때는 교과서를 세 권 정도 들고 다니게 했어요.
아이의 수업 태도를 확인하고, 뭘 배우고 있는지 파악하는 데
5분이면 충분하더군요. 매일 자기 전 5분.
그 5분이 아이의 학습 기초를 잡는 데 큰 도움이 되었습니다.

초등학교 교과서,
전반적으로 아이 발달에 비해 어렵고
직관적으로 받아들이기에 산만한 구성이죠.
좀 달라져야 합니다.
그래도 부모님들은 교과서를 가까이해 보세요.
아이들이 새 교과서를 받아 오면
어느 학원 보낼까만 생각하지 말고
교과서에 어떤 내용이, 어떻게 쓰여 있나 살펴보세요.
대부분의 부모들이 아이가 시험 치기 직전에나
교과서를 들여다봅니다.
하지만 내용을 미리 살펴본 다음
생활 속에서 자연스럽게 대화를 나누면
사회나 과학의 경우 아이가 더 풍부하게 공부할 수 있습니다.

🌸 수학 공부는 어떻게 할까요?

🐦

아이들 수학 공부,
혼자 앉아 문제 풀라고 시키면 망가지기 쉽습니다.
부모가 아이와 주고받으며 말로 가르쳐야 좋습니다.
문제를 몇 개 풀고, 진도를 몇 쪽 나갔는지 집착하지 마세요.
한두 개밖에 못 풀었다고 해도
모르는 걸 새로 알게 되었다는 게 중요합니다.

저는 종종 문제를 말로 풀어 보도록 시키곤 했어요.
말로 문제를 설명하면 자기가 뭘 알고 모르는지,
왜 그렇게 생각해야 하는지 알게 되니까요.
아이들은 원리를 깨닫지 못하면
단기 기억으로 문제를 풀려 합니다.
패턴을 익히는 것이죠.
하지만 그래서야 금방 다시 잊어버리기 쉽고
공부가 지겹습니다.

제가 아이와 수학 공부를 한 방법을 정리해 보면 이렇습니다.
첫째, 계산 따로, 개념 따로 공부를 시켰어요.
연산은 별도로 공부한 거죠.
둘째, 정해진 양이 아닌 정해진 시간으로 공부를 시켰어요.
양을 정해 두면 아이가 어려운 문제가 나오면 싫어하더군요.
셋째, 모르는 문제를 보았을 때가
공부할 때라는 것을 알게 했어요.
아는 것을 다시 푸는 것은 공부가 아니라고 했죠.
넷째, 문제 푸는 방법을 말로 자신이 설명하게 했습니다.
다섯째, 머리가 복잡해지면 그만 공부하라 했어요.
계속해 봐야 머리에도 안 남고 흥미도 잃으니까요.
맑은 정신으로 한 문제라도 제대로 푸는 것이 낫습니다.

분위기를 만들어 주세요

초등 저학년 아이들에게는
학습 공간과 생활 공간을 분리하기가 어렵습니다.
아이는 항상 부모 근처에서 뭔가 하려고 하죠.
그래서 굳이 아이 방이 필요하지 않습니다.
다만 거실 공간에 임의로 구획을 만들어
아이가 책 읽고 공부하는 곳,
놀이하는 곳을 나눠 주면 좋습니다.

굳이 번듯하고 커다란 책상을 사 줄 필요도 없습니다.
차라리 가족이 함께 책 읽고,
그림도 그릴 널따란 탁자가 낫습니다.
하나 더 추가하자면,
학교에서 쓰는 작은 책상을 하나 구해서
집중해서 숙제할 때 쓰게 하면 효과적입니다.

🐦

거실을 서재로 만드는 것.
책에 친숙한 아이, 공부에 스스로 흥미를 갖는 아이를 바란다면
최고의 방법이죠.
거실에 책과 음악이 있으면 가정의 분위기 전체가 달라집니다.
거실이 주된 생활 공간이라면
그 중심에 무엇이 있는가가
결국 아이 생각의 중심이 됩니다.

🐦

"왜 이렇게 어지럽히니?
한 권 봤으면 꽂아 두고 다음 책을 꺼내 읽어야지."
인생의 목적이 '정리'라면 할 수 있는 말이죠.
하지만 책을 좋아하는 아이를 원한다면 피해야 할 말입니다.
아이가 어릴수록 이 책, 저 책 꺼내서 책들 속에서 노는 게 좋습니다.
서점에 가면 책꽂이와 평대에 놓인 책 중 어디에 손이 가나요?
평대에 놓인 책에 쉽게 눈이 가죠.
그래서 아이 키우는 집에선 바닥에 일부러
책을 늘어놓는 것도 좋습니다.
저도 늘 몇 권을 바닥에 늘어놓지요.
아이가 읽었으면 싶은 책도 놓고,
최근에 봐서 다시 한 번 찾아볼 책도 놓죠.

책 읽으며 익힌 어휘가 공부의 기초가 됩니다

책 읽기를 싫어하는 초등학생들이 많습니다.
어휘력이 부족하거나 산만하기 때문인 경우가 많죠.
아이가 어느 정도 말을 할 수 있으면
부모들은 아이의 어휘력에 신경을 쓰지 않습니다.
하지만 어휘력은 아이마다 차이가 제법 납니다.

학습 부진의 가장 중요한 원인은 어휘력 부족이죠.
어휘력이 떨어지는 아이는 사회 성적부터 떨어집니다.
시간이 가면서 과학과 국어, 그리고 수학까지 떨어지죠.
어휘력이 떨어지면 읽기 속도가 떨어지고,
그러면 공부의 재미가 사라집니다.
어른들도 영어를 아주 잘하지 않는 한
영어로 쓰인 책을 읽으면
훨씬 재미가 없잖아요.

🐦

우리말 어휘도 아이가 모르는 것은 함께 찾아보세요.
크게 써서 벽에 붙여도 두고요.
일주일에 몇 개씩 벽에 붙여 두곤
그 단어를 넣은 문장을 아이에게 자주 사용합니다.
책 읽기를 귀찮아하면 부모가 조금씩이라도 자주 읽어 주세요.
모르는 어휘는 동그라미 쳐 가며 짚어 주고요.
장기적으로는 이런 어휘 공부가
학원이나 학습지보다 공부에 도움이 됩니다.

🐦

어휘력을 키우기 위해 책은 읽혀야 하겠는데
어디서부터 시작해야 할지 막막해합니다.
요즘은 단어를 중심으로 공부하는 문제집도 있습니다.

그리고 아이와 함께 책을 읽어야 합니다.
책은 무조건 재미난 책으로 골라야 해요.
만화책도 좋고, 쉽고 재미있는 동화책도 많습니다.
꼭 기억하세요.
재미없는 책은 오히려 흥미만 떨어뜨립니다.

시험에 대처하는 자세

"시험은 네가 공부를 잘하는지 못하는지
확인하는 시간은 아니야. 공부의 한 과정이야."

평가는 사람을 위축시키고 긴장하게 하죠.
약간의 긴장은 시험을 보는 데 도움이 되지만
지나친 긴장은 인지 기능을 떨어뜨립니다.
시험은 그저 공부의 과정이고,
큰 시험도 인생의 한 과정일 뿐임을 알려 주세요.

'평가'란 초등 저학년 아이들에겐 마약과 같습니다.
평가를 하면 아이들은 반짝 열심히 하죠.
그러나 결국 공부의 재미를 느끼지 못하고
평가의 긴장감이나, 평가 후 칭찬의 맛에만 중독됩니다.
배우는 내용이 어려워지고, 성공률이 낮아지면
바로 공부를 싫어하게 됩니다. 어릴 때 반짝인 셈이죠.

이처럼 어린 시절의 평가는 열에 아홉은 해롭습니다.
인지 발달이 조금 늦거나 불안이 많은 아이들은 위축됩니다.
보통의 아이들은 제대로 된 학습 태도를 잡지 못하지요.
계속 칭찬을 받을 수 있는 일부 아이들에게만 이득입니다.

아이가 제대로 아는지 모르는지 부모들은 궁금해합니다.
또 아이가 잘한다는 걸 확인해서 안심하고 싶어 합니다.
그러나 빨리 알고 싶은 마음은 참아야 합니다.
알고 싶은 욕심에 아이에게
해로운 일을 하면 안 되니까요.
조금 시간이 걸리더라도
시험이 아니라 대화나 관찰을 통해
아이가 알고 있는 정도를 확인하세요.
특히 어리고 예민한 아이를 교육할 때 이런 태도는 중요합니다.

'실수도 실력'이라는 말이 있습니다.
이 말은 적어도 아이에게 할 말은 아닙니다.
아이에겐 실수하지 않을 실력이란 필요 없습니다.
실수하고 엉성해도 계속 탐구하길 멈추지 않는
아이다운 마음이 필요합니다.
초등학생에게 실수를 줄이라고 교육하지 마세요.
가르치지 않아도 자기 스스로 실수를 괴로워하고
더 잘하고 싶어 하는 순간이 꼭 옵니다.

실수도 실력이란 말을 자꾸 하면
아이는 실수하지 않는 실력만 늘어날 겁니다.
초등 4학년에 인생이 결정 난다는 말을 자꾸 하면
초등 5학년부터는 인생에 흥미를 잃을 겁니다.
자존감을 높이기 위해 시험을 잘 봐야 한다고 생각하면
아이의 자존감은 시험과 점수의 노예가 되고 말 겁니다.

"꼼꼼하게 실수 없이 하렴."
이 말이 초등학생에겐 해로울 수 있다는 걸 모르는 분이 많아요.
조각을 할 때 처음부터 세밀한 칼을 쓰는 사람은 없죠.
처음에는 큰 칼과 정, 망치가 필요해요.
마찬가지로 어느 나이나 그 나이에 맞는 발달 과제가 있습니다.

초등학생에게는 사고를 계속 확장하며
사물의 개념을 정확히 잡아 가는 것이 중요합니다.
세밀한 부분에서 실수를 줄이는 것은 이때 중요한 일은 아니죠.
다행스러운 것은 아이들이 어른들 말을 대충 무시한다는 것.
그래서 아이들은 살아남습니다.

"이런 것도 못 맞히니?"
이런 말로 교육받고 자란 아이들은 남에 대한 평가에 인색합니다.
남의 실수를 지적하고 남의 모자람을 깔보지요.
타인에게 피해를 주지 않는 한,
모자라면 어떻고 실수하면 어떻습니까?
앞으로 계속 배워서 실력을 키워 가는 것이 아이가 할 일이지요.
뭐든 딱 부러지는 비판적인 모습이 좋은 태도는 아닙니다.
둥글게 감쌀 수 있는 마음의 여유를 아이에게 먼저 보여 주세요.

"우리 아이는 노력은 안 하고 잘하기만 바라요."
쉽게 잘하고 싶은 마음은 누구나 마찬가지입니다.
백 점 맞기 싫은 아이가 있을까요?
대부분의 아이들은 별 노력 없이 좋은 성적을 받고 싶어 합니다.
알고 보면 부모도 마찬가지죠.
별 노력을 들이지 않아도
아이가 말 잘 듣고 잘 크길 바라지 않습니까? 그게 인간입니다.
그런 아이를 인정하고 그래도 노력하자고 격려해 주세요.

시험이나 발표를 앞두고 긴장하는 아이에게 이야기합니다.

"어때? 많이 떨리지? 네 몸이 지금 준비를 하는 거야.
머리 구석구석까지 산소를 보내려고 숨이 가빠 오지.
당당히 맞설 준비를 하려고 근육은 긴장하고.
자, 그 근육으로 땅을 굳게 딛고 당차게 서 봐.
그리고 사람들을 똑바로 보며 속으로 말해 보는 거야.
'저 ○○이에요. 한번 멋지게 보여 드리죠.'라고."

결국, 부모의 믿음이 중요합니다

아이를 키우다 보면 어떤 문제집을 끝내는 것,
어떤 과정을 마치는 것에 매몰되기 쉽습니다.
그런데 잊지 말아야 할 것은
내가 지금 '사람'을 키우고 있다는 것입니다.
문제를 풀게 하고, 지식을 알게 하지만
그와 동시에 내 행동, 내 태도로
사람을 만들어 가고 있다는 것을 잊지 마세요.

우리 모두는 더 중요한 것을 잊고
오히려 작은 것들에 집착해 살아갑니다.
내가 한 사람의 영혼과 마음을
만들어 가고 있다는 것을 잊고
학원 숙제를 잘했는지,
영어 단어는 외웠는지에만 신경을 씁니다.
물을 뜨러 갔는데 물통만 확인하고 들고 오듯
그런 어리석은 일을 우리가 하고 있습니다.

아이가 뚝딱 오늘 공부를 마쳤을 때, 부모는 유혹에 빠집니다.
"잘했는지 한번 볼까?"
"시간 남았는데 좀 더 풀어 봐라."
하지만 아이 마음은 다릅니다.
힘들지만 참고 해냈기에 지쳤지만 뿌듯한 마음이죠.
열심히 했다는 것을 인정받고 이제는 쉬고 싶어 해요.
그 마음을 인정해 줘야 아이는 또 기운을 냅니다.
"오늘 아주 잘했어, 내일도 파이팅!"

"네가 지금 아는 게 많더라도
모르는 것이 많다는 걸 알지 못하면
점점 어리석어질 거야.
비록 네가 지금은 별로 아는 것이 없다고 하더라도
네가 모르는 것이 많다는 걸 안다면
앞으로 점점 현명해질 거고.
지금 이 순간 네가 가지고 있는 것보다
네가 어떤 사람인지, 어떻게 하는지가 더 중요해."

아이 공부를 도와주는 방법.
탄력 받아 치고 나갈 땐 과감하게,
못 따라오면 따뜻하게 안아 주고,
다시 시작할 때는 겁먹지 않게 한 발 한 발,
그래서 다시 자신감을 가지면 과감하게.

"네 잠재력을 믿어. 하지만 더 중요한 건
엄마는 언제나 네 편이고
네 옆에 있을 거란 점이야."

🎐 아이의 삶을 위한 공부

"제가 바라는 것은 성적 그 자체만은 아니에요.
공부를 잘해야 아이가 자존감을 지킬 수 있기 때문이에요."
요즘의 분위기에서 틀린 말은 아닙니다.
하지만 험한 세상에서 자기가 의지할 것이
오직 공부 하나라면 그건 너무 위험합니다.
나무토막 하나 잡고 큰 바다를 항해하는 셈이죠.

사람과의 관계를 푸는 능력,
일상의 사소한 일을 다루는 능력,
감정을 어루만지는 능력,
여유 시간을 즐기는 능력.
아이에게는 이런 능력이 골고루 필요합니다.
그래야 인생 바다로 나가는 배가 완성되지요.
공부 하나로는 자존감을 지켜 나가기 참 어렵습니다.

"우리 아이가 즐거워하는 일을 찾아 주고 싶어요.
아이의 적성이 뭘까요? 창의적인 일을 시키고 싶은데."
이렇게 말하는 부모가 많습니다.
즐거운 일, 적성, 창의적인 일.
이 세 가지를 만족시키기가 쉬울까요?
그걸 다 만족시키는 일을 하고 살기란 얼마나 어려운지요.
원하는 일을 하고 살 가능성은 무척 적습니다.
다만 어떤 일을 하든지 좀 더 즐겁게 살 수 있어요.
같은 일을 해도 더 창의적으로 하는 사람도 있죠.
아이에게 우리가 도와줄 수 있는 부분은
바로 그 부분입니다.

비어 있는 시간이 있어야 합니다.
그래야 생각을 합니다.
늘 하던 것, 지금의 것을 넘어서는 상상을 합니다.
아이들에게도 빈 시간이 필요하지요.
질서도 없고, 게을러 보이고, 한심하게 느껴져도
그래야 아이들이 꿈을 꿉니다.
꿈꾸지 않고, 주어진 것만 외워서야
어떻게 행복해질 수 있겠습니까?

에세이

{ 자신감을 키우는 교육 }

　에릭 에릭슨은 하버드 대학의 교수로 인간 발달 이론에 커다란 족적을 남긴 정신 분석가입니다. 그는 인생의 일곱 단계마다 넘어서야 할 발달 과제를 설정하였는데, 그에 따르면 초등학생 시기의 발달 과제는 '근면성과 열등감의 대립'입니다.
　이 기간 동안 아이들은 할 수 있다는 자신감으로 열심히 노력하는 자세와 자신은 뭘 해도 안 될 것이라는 열등감의 양극단에서 갈등을 겪습니다. 이 시기를 어떻게 보냈는지에 따라서 근면성이 열등감을 이길 수도 있고, 반대로 열등감에 의해 근면성이 압도될 수도 있지요. 결국 인생 전체를 끌고 가는 엔진이 얼마나 강한 힘을 가질지가 이 기간에 결정됩니다.
　부모가 아이들의 행동에 대해 못 미더워하고 실수만을 짚어 내면서 꾸짖을 경우 아이들은 열등감에 휩싸이기 쉽습니다. 그 반면 아이에게 숨어 있는 능력을 발견하여 그 능력을 발휘할 수 있게 하는 부모를 만나거나, 기회를 주면서 재능을 조금씩 키우도록 도와주는 교사를 만난다면 아이는 높은 근면성을 획득할 수 있습니다.

　초등학생 시기에 아이가 키워야 할 내용은 너무나 많습니다. 인지적인 능력은 물론, 신체적인 조작 능력이 대폭 늘어나고, 깊이 있는 단짝 친구를 사귀는 등 사회적인 발달에서도 성취할 과제가 적지 않습니다. 각 영역의 과제 모두에서 아이는 성공과 실패를 경험하며 능력을 만들어 가고, 그 과정을 통해 기본적인 성격을 형성합니다.

　문제는 실패가 아닙니다. 어떻게 실패를 경험하는지가 중요합니다. 성공했는지 그 여부가 아니라 어떻게 성공을 느끼는지가 중요합니다. 지지받는 환경에서 실패하는 것은 상처가 크지 않습니다. 반면에 실패한 뒤 가까운 사람에게 듣는 비난은 실패를 열등감으로 변화시킵니다. 성공을 한 번도 경험해 보지 못하는 아이는 없습니다. 다만 부모가 아이의 성공을 하찮은 것, 누구나 다 이루는 것, 별로 중요하지 않은 것이라고 치부한다면 아이는 근면성을 더 강하게 만들 기회를 얻지 못합니다.

　요즈음의 학교 문화는 아이들의 근면성 발달에 불리합니다. 어린 시절부터 아이에게 요구하는 과도한 지적 성취, 그리고 잦은 평가는 아이들의 자신감을 흔들고 있습니다. 아이들은 모두 발달 속도에 차이가 있습니다. 어떤 아이는 빠르게, 어떤 아이는 조금 느리게 발달합니다. 그뿐만 아니라 학교에서 평가하는 것은 인간이 가진 능력의 전체를 평가하기에는 턱없이 부족합니다. 그럼에도 시험이라는 제도를 통해 아이에게 반복적인 실패를 경험하게 해서 아이가 자신을 쓸모없는 존재로 여기게 하는 것이 옳은 일일까요?

 시험 자체가 잘못은 아닙니다. 아이가 즐겁게 시험을 보고, 새로운 지식을 배우는 기회로 느낀다면 시험은 도움이 됩니다. 다만 인생 전체를 놓고 봤을 때 그리 중요하지도 않은 한 장의 시험지가 아이에게는 돌이킬 수 없는 큰 상처를 남길 수도 있습니다.

 인생 전체를 놓고 볼 때 수학 문제를 실수 없이 풀어내는 것, 영어 단어 하나를 외우는 것은 너무나 작은 의미일 뿐입니다. 초등학교 기간 동안 아이들은 인생을 살아갈 엔진을 만들고 있습니다. 그 엔진은 아이가 앞으로 삶을 헤쳐 나가는 데 있어서 얼마나 자신감을 가질지, 얼마나 열심히 해 보려는 의지를 가질지를 결정합니다.

 아이의 능력을 키워야 하는 것은 맞습니다. 그렇지만 그 능력은 억지로 우겨서 아이에게 집어넣을 것은 아닙니다. 아이가 스스로 찾아서 먹어야 아이는 자랄 수 있습니다. 나무가 자라길 바란다면 물을 줘야지, 커지라고 잡아 뽑아서는 안 될 일이니까요.

아이가 울면 달래 줘야 하나요? 모른 체해야 하나요?

아이의 특성과 나이에 따라 다릅니다. 우선 만 두 살 이전의 아이가 오래 울게 놔두는 것은 위험합니다. 아이의 뇌는 어른의 뇌와 같지 않아요. 출생할 때만 해도 아이의 뇌세포는 제대로 연결되어 있지 않습니다. 이 시기의 뇌는 생각을 통해 감정을 조절하는 것이 불가능하고, 스트레스를 감당할 정도의 보호 능력도 아직 갖추지 못했습니다. 스트레스를 주는 환경을 바꿔 주지 않으면 뇌는 작은 스트레스에도 민감하게 반응해 외부 환경을 회피하는 상태로 굳어집니다. 스트레스 호르몬으로 꽉 찬 아이의 뇌는 성장에 에너지를 충분히 쓰지 못하고 자기 보호를 위한 활동에만 에너지를 집중합니다.

아이가 좀 더 크면서 감정을 조절하는 뇌 부위와 원시적인 뇌가 어느 정도 연결된다면 이때는 우는 것을 무조건 달래 줘서는 안 됩니다. 아이가 늘 절박하고 두려워서 우는 것은 아니에요. 울음으로 주변 상황을 바꿀 수 있다는 것을 파악하고 울기도 합니다. 울면서 떼를 쓸 때 아이의 요구를 자주 들어준다면 아이는 이러한 방식에만 익숙해집니다.

중요한 것은 본능적인 위험을 느껴서 울고 떼를 쓸 때는 아이의 감정을 달래 줘야 한다는 사실입니다. 어른이 판단하기에는 아무것도 아니지만 아이는 두려움을 느낄 수 있습니다. 아주 어린 아이라면 무조건 달래 주세요. 혼자 오래 울게 두어서는 안 됩니다. 조금 큰 아이라면 아이가 울 때 바로 행동하지 마세요. 아이를 지켜보고 아이의 감정을 느껴 보세요. 아이가 이성을 발휘하지 못한다면, 그래서 감정을 조절하는 데 약하다면 부모가 자신의 이성을 아이에게 빌려 줘야 합니다. 이때 부모까지 감정적으로 흔들려서 행동하면 아이의 이성이 자라나기 어렵습니다.

아이가 수줍음이 너무 많아요

수줍음과 자신감은 전혀 다릅니다. 수줍음은 많이 타지만 자신감을 가진 아이도 있는 반면, 수줍어하지 않고 남에게 잘 다가가나 자신감은 없는 아이도 있습니다. 숫기 없는 아이들이 혼자 있을 때는 의외로 자기 할 일을 분명히 해내는 경우가 많습니다.

수줍음 역시 다른 기질적 특성과 마찬가지로 타고난 부분이 큽니다. 물론 타고났다고 해서 반드시 바꿀 수 없는 것은 아닙니다. 다만 바꾸는 데 좀 더 많은 시간과 꾸준한 노력이 필요하죠. 만약 부모가 조급하게 아이의 기질을 바꾸려고 할 경우 아이는 자신의 기질적인 특성뿐만 아니라 자기 전체를 부정적으로 볼 가능성이 큽니다.

수줍은 아이를 키울 때 가장 중요한 부분은 부모가 조급한 마음을 가지지 말아야 한다는 것입니다. 다른 사람을 회피한다 해서 무조건 다른 아이들을 많이 만나게 하는 것은 좋지 않아요. 아이가 받아들일 수 있을 정도로만 조금씩 사회적인 접촉을 늘려 나가 보세요. 만일 아이가 너무나 두렵고 괴로운데도 다른 사람들과 억지로 접촉을 해야 한다면 아이에게는 타인과의 만남이 괴롭고 무서운 것으로 자리 잡을 수밖에 없습니다.

아이가 다른 사람을 만난 날에는 아이에게 상을 주는 것도 좋아요. 이 상은 아이가 좋아하는 것으로, 가급적 빨리 줘야 합니다. 예를 들어 다른 사람을 만나고 돌아오는 길에 아이가 좋아하는 사탕을 주거나 장난감을 가지고 놀 수 있게 하세요. 이런 경험을 통해 아이는 자기도 모르게 타인을 만나는 것을 즐거운 느낌과 연결 짓습니다. 아이가 좋아하는 활동과 사람 만나는 것을 연결시키는 것도 효과적입니다. 책 읽는 것을 좋아한다면 도서관에서 친구나 다른 어른을 만나도록 약속을 잡는 것도 좋겠지요.

아이에게 어떤 장난감을 사 주어야 할까요?

우선 아이의 발달 수준에 맞는 장난감을 골라야 합니다. 어떤 부모들은 우리 아이만 뒤처져서는 안 된다는 생각에 아이의 발달 수준을 고려하지 않고 그보다 높은 수준의 장난감을 골라 주기도 합니다. 이 경우 아이는 새로 받은 장난감에 당연히 별다른 흥미를 보이지 않고, 엄마는 그러한 아이의 태도에 상처를 받습니다. 물론 시간이 지나면 아이 스스로 그 장난감을 좋아하고 가지고 놀 시기가 올 수 있어요. 하지만 이왕 마음먹고 사 주는 장난감인데 지금 바로 아이가 좋아하고 흥미를 보일 만한 장난감을 사 주는 편이 낫겠지요.

두 번째 원칙은 장난감을 가지고 노는 사람은 부모가 아니라 아이라는 사실을 기억해야 한다는 것입니다. 어떤 부모들은 자신이 어렸을 때 갖지 못했던 것들에 대한 소망을 충족하려고 자기가 원하는 장난감을 아이에게 사 줍니다.

장난감의 교육적 효과에 집착하는 부모들도 있어요. 그러나 같은 장난감이라도 이용하기에 따라 교육적일 수도 있고, 그렇지 않을 수도 있습니다. 좀 더 쉽게 말하자면 어떠한 장난감도 적절한 방법으로 가지고 논다면 나름의 교육적인 효과가 있습니다. 조잡하면 조잡한 대로, 유치하면 유치한 대로 아이는 그 속에 자신을 투영하여 자신의 정신세계를 확장시킵니다. 사실 아이가 갖고 노는 것은 장난감이 아니라 자신의 마음속에 있는 세계 그 자체입니다. 세계를 장난감에 투영시켜서 가지고 놀면서 세상을 다루는 법을 배우고, 감정을 처리하는 법을 배우죠.

장난감 고르기의 세 번째 원칙은 아이와 함께 골라야 한다는 것입니다. 만 세 살만 지나도 아이는 자기 취향과 주관이 분명하게 생깁니다. 아이를 결정 과정에 참여시킴으로써 자율과 책임을 아는 아이로 키울 수 있습니다. 물론 아이가 원하는 대로 무조건 사 주라는 것은 아닙니다. 그럴 경우 아이들의 장난감이 지나치게 한 방향으로 편중되거나 부모의 부담이 너무 클 수 있습니다. 이를 막으면서도 아이의 자율성을 키우기 위해서는 미리 서너 개의 품목을 골라 놓고 그중에서 고르게 하면 좋지요.

장난감 고르기의 마지막 원칙은 고장이 잘 나고, 부모를 피곤하게 하는 것은 사지 말아야 한다는 것입니다. 아이는 장난감을 자기 마음대로 가지고 놀게 되죠. 아이의 손은 섬세하지 않으며 아이에게 '조심'이란 단어는 어울리지 않아요. 비싸면서 고장 나기 쉬운 장난감을 사 주면 부모는 아이를 노심초사하면서 바라보지 않을 수 없습니다. 그러니 아이와 함께 즐거울 수도 없죠. 부모가 소리에 예민하다면 지나치게 시끄러운 장난감도 피하는 편이 좋습니다. 큰마음 먹고 장난감을 사 준 뒤, 저것만 없으면 좋겠다고 해서야 아이와 부모 모두에게 좋을 까닭이 없습니다.

아이가 자꾸 거짓말을 해요

의외로 많은 부모들이 아이의 거짓말에 과도하게 반응합니다. 어떤 부모들은 장차 아이가 도덕적으로 문제가 많은 사람이 되지 않을까 염려합니다. 그래서 어릴 때부터 확실하게 교육을 해야 한다고 생각하죠. 그 결과 아이의 자연스러운 정신적 활동은 도덕성이란 틀에 재단됩니다. 소꿉놀이에 날 선 부엌칼이 등장하는 꼴이죠.

모든 아이들은 자기만의 이야기를 지어냅니다. 정신 활동이 활발한 아이일수록 더욱 그렇죠. 아이들은 이야기를 지어내어 자기가 만나고 있는 세계를 자기에게 맞게 바꿔 봅니다. 이야기를 지어내는 순간만큼은 아이는 자유로워요. 어쩔 수 없이 받게 되는 부모의 통제에서 벗어나 스스로의 힘을 느낄 수 있죠.

자신감이 없는 아이들은 할 수 있다고 스스로 믿기 위해 거짓말을 하기도 합니다. 거짓말을 통해 실패한 것을 부인하고, 스스로 잘했다고 생각하며 기운을 차립니다. 부모를 좋아하지만 두려워하는 아이들도 거짓말을 합니다. 자기가 원하는 모습의 부모를 마음속에 만들어 두고, 그 부모는 자기를 인정해 줬다고 생각합니다. 그러고는 현실의 부모가 자기를 인정했다고 믿는 거죠. 잘못을 저지르고는 거짓으로 둘러대는 경우도 흔히 볼 수 있습니다. 어려운 상황에 놓인 아이가 거짓말을 둘러대는 것이 도덕적으로 문제가 있는 모습이라고 보기는 어렵습니다. 두려운 현실을 회피하는 모습이라고 봐야 하죠.

어떤 부모들은 작은 거짓말이 나중에 큰 거짓말이 되기에 일찍 싹을 잘라야 한다고 이야기합니다. 그러나 부모들이 정말로 걱정하는 것은 아이가 이대로 부모로부터 벗어나서 행동하지 않을까 하는 점이에요. 거짓말은 아이가 부모로부터 독립하면서 자신만의 시각과 세상을 만들어 가는 과정이죠. 부모도 은연중에 이런 사실을 알기 때문에 독립하려는 아이를 자신의 품 안에 두고 싶어 합니다. 겉으로는 도덕성의 옷을 입고 있지만, 부모의 마음을 한 꺼풀 벗겨 내면 아이가 부모로부터 벗어나는 것에 대한 두려움이 자리 잡고 있습니다.

심각한 거짓말이 아닌 이상 아이의 거짓말을 하나의 놀이로 받아들여 주세요. 알고 있으면서도 속아 넘어가 준다는 식의 태도가 가장 적당합니다. 숨바꼭질할 때 아이가 있는 곳을 알면서도 못 본 체 넘어가듯이 대하면 됩니다. 거짓말 자체에 신경 쓰기보다는 오히려 아이가 보호하고 싶어 하는 자신만의 감정이나 세계가 무엇인지 살펴보세요.

우리 아이가 ADHD인 걸까요?

아이가 산만하고 장난이 심하다는 이야기를 들은 부모들은 걱정이 태산입니다. 우리 아이가 흔히 이야기하는 주의력 결핍 과잉행동 장애(ADHD)에 해당하는 것은 아닐까 불안하죠. 주의력 결핍 과잉행동 장애는 어린이들이 소아정신과를 찾는 가장 흔한 원인입니다. 대략 5~7퍼센트에 이르는 어린이가 이 질환을 앓고 있다고 하니, 한 학급에 적어도 두세 명이라는 이야기죠. 활동량이 풍부하고 다소 부산한 아이들에게 질병의 낙인을 찍는 것은 아닌지 의심하는 분도 있습니다. 이 병으로 진단하려면 무엇보다 아이가 부산하거나 집중력이 떨어져, 공부하거나 또래를 사귀거나 학교를 다니는 데 뚜렷한 문제를 일으켜야만 합니다. 어떤 아이들은 가정 안에서는 그다지 심하지 않을 수 있고, 또 어떤 아이들은 집에서는 다리에 모터가 달린 듯 내달리지만 학교에서는 그리 눈에 띄지 않을 수도 있죠. 병으로 진단을 받으려면 학교, 집, 또래 관계 중 최소한 두 군데 이상에서 문제가 나타나, 아이의 정상적인 발달에 방해가 되어야 합니다.

이런 상태를 병으로 진단하는 이유는 간단합니다. 이 아이들이 고통을 받고 있기 때문입니다. 산만함이나 활동성이 지나친 아이들은 학교와 집에서 자꾸만 부정적인 피드백을 받아요. 안타까운 점은 혼나더라도 그 효과가 오래가지 않는다는 것이죠. 겉으로는 야단치는 상대방을 보는 듯하지만 속으로는 집중하지 않기 때문에 혼나는 상황에서도 깊게 느끼지 못합니다. 혼이 나는지 안다고 하더라도 자신의 행동을 관망하고 조절하는 기능이 약해서 다시 실수를 하기 쉽죠.

이런 과정이 반복되다 보면, 아이도 부모도 마음에 상처를 입습니다. 아이가 입은 상처는 나무에 옹이가 남듯 오랫동안 아이의 마음속에 남아요. 늘 불안해할 수도 있고, 자신감이 떨어질 수도 있고, 마음속 깊은 곳에 화가 쌓일 수도 있어요. 주의력 결핍 과잉행동 장애를 앓은 어린이의 40퍼센트가 자신감이 낮은 청소년이 됩니다. 일부는 자신을 자주 혼내는 어른들에게 반항적이고 적대적으로 대합니다. 외부 세계에 대한 피해 의식을 기우는 경우도 흔하죠.

예부터 이런 말들을 많이 합니다. "애들이란 다 그런 거 아니냐." "크면 저절로 나아질 거야." 일부는 맞는 말이지만, 그 정도가 지나쳐서 아이가 지금 어려움에 빠져 있다면 도움이 필요합니다. 영어로 '진단'은 'diagnosis'입니다. 그 뜻을 풀이하자면 '깊이 인식한다'는 뜻이에요. 아이를 병으로 낙인찍는 것이 아니라 깊게 파악해 고통을 덜어 주려면 전문가를 찾는 것을 두려워해서는 안 됩니다.